辽宁省自然科学基金项目(2020-MS-302)资助
国家自然科学基金项目(51704143)资助

高速公路下伏采空区探测及稳定性研究

张淑坤　陆　璐　著

中国矿业大学出版社
·徐州·

内 容 提 要

针对目前我国高速公路建设中遇到的废弃采空区特殊岩土工程问题，本书从废弃采空区的探测与监测技术、稳定性评价方法以及防灾减灾控制等角度研究了高速公路下伏采空区赋存状态，对采空区治理前后地表高速公路变形进行预测，并对采空区新型充填材料的研发进行了探讨。

本书较全面地介绍了下伏采空区特殊地质条件下高速公路科研、设计与施工的既有经验和最新成果，可供从事公路工程、岩土工程及相关专业的研究人员和设计、施工、监理等单位的工程技术人员及高等院校相关专业师生参考使用。

图书在版编目(CIP)数据

高速公路下伏采空区探测及稳定性研究/张淑坤，陆璐著. —徐州：中国矿业大学出版社，2021.3

ISBN 978-7-5646-4985-2

Ⅰ. ①高… Ⅱ. ①张… ②陆… Ⅲ. ①高速公路－采空区－探测－研究②高速公路－采空区－稳定性－研究 Ⅳ. ①U412.36

中国版本图书馆 CIP 数据核字(2021)第 047577 号

书　　名　高速公路下伏采空区探测及稳定性研究
著　　者　张淑坤　陆　璐
责任编辑　满建康
出版发行　中国矿业大学出版社有限责任公司
（江苏省徐州市解放南路　邮编 221008）
营销热线　(0516)83884103　83885105
出版服务　(0516)83995789　83884920
网　　址　http://www.cumtp.com　**E-mail**:cumtpvip@cumtp.com
印　　刷　徐州中矿大印发科技有限公司
开　　本　787 mm×960 mm　1/16　**印张** 9.75　**字数** 205 千字
版次印次　2021 年 3 月第 1 版　2021 年 3 月第 1 次印刷
定　　价　46.00 元

前　言

采空区对地表高速公路是一个巨大的潜在威胁,尤其是采空区的残余变形具有隐蔽性、复杂性、突然性及长期性的特点。目前,关于高速公路下伏采空区研究的文献主要以施工经验和实例介绍为主,理论研究的较少,在探测、监测、稳定性研究及治理等方面都缺乏足够的理论支持。因此,对高速公路下伏采空区探测及稳定性研究具有重要的现实意义。

本书通过理论分析建立了复杂荷载条件下采空区顶板-矿柱体系流变力学模型;根据高速公路下伏采空区特点,建立了采空区探测验证体系,并进行了修正;根据采空区实际情况,对传统位移监测仪器进行了相关改进,增强了该仪器的适用性;针对高速公路与采空区相互作用影响进行了数值模拟分析,研究了采深、采厚、倾角、采空区尺寸等因素对高速公路的影响规律;提出了采用粉煤灰泡沫混凝土作为充填体对采空区进行治理的技术方案,并进行了相关的试验及数值模拟研究。本书主要研究成果如下:

(1) 建立了高速公路下伏采空区探测验证体系。提出了选用高密度电阻率法布置测线进行探测,采用特征位置钻孔取样、钻孔内声波探测及钻孔电视成像技术进行验证,采用平差方式对探测验证体系结论进行修正,最终确定高速公路下伏采空区的位置及状态。

(2) 根据采空区实际情况,对传统监测仪器进行改进,增强了该仪器的适用性,并提出了钢管+活塞封底技术,有效地进行了钻孔封底,避免跑浆。

(3) 建立了复杂荷载条件下采空区顶板-矿柱体系流变力学模型,通过工程实例验证了该力学模型应用于采空区稳定时间预测的可靠性。

(4) 比较高速公路与采空区空间异面相交和高速公路与采空区走向一致两种情况后得出,产生的残余下沉数值及范围都要小于后者;随着采空区倾角增大,高速公路的残余沉降及水平位移逐渐减小,影响范围也逐渐减小;当采厚一定时,垮落带和裂隙带高度趋于一定;采深越大,弯曲带厚度越大,下沉曲线的边界变得越圆滑。同时,研究了不同采空区尺寸对采空区安全系数的影响。

(5) 运用 MATLAB 对高速公路下伏采空区在深厚比、倾角、充填效果因素影响下的高速公路变形进行多维插值,编制了残余变形最大值预测程序。

(6) 粉煤灰泡沫混凝土充填体抗压强度在0.4～2.8 MPa之间，能够满足一般采空区充填要求，且该充填体利用率较高，适合采空区充填。经试验及数值模拟验证，该充填体治理减沉效果可达到70%以上。

本书由枣庄学院张淑坤、陆璐著作。本书得到了辽宁省自然科学基金项目(2020-MS-302)和国家自然科学基金项目(51704143)的资助。

由于作者水平所限，不妥之处在所难免，敬请读者批评指正。

作者

2020年12月

目　录

第1章　绪　论

1.1　研究现状

经全面分析国内外有关于公路下伏采空区的文献资料，高速公路与下伏采空区探测及采空区稳定性分析治理技术研究的关键在于以下几方面：采空区稳定性理论研究、采空区的探测及监测研究、高速公路与下伏采空区相互作用研究、高速公路下伏采空区治理研究。下面针对这几个方面的国内外研究现状进行简要分析。

1.1.1　采空稳定性理论研究现状

作为地下工程开挖与矿山开采的连带效应——地表沉陷，其研究已有较长的历史[1]。早在15世纪，比利时曾颁布一项法令：在列日城下进行矿业开采时，开采深度不得小于100 m。1858年，以观测资料为基础，比利时人Gonot提出了“法线理论”；1885年，法国人Fayol利用模型研究，提出了采空区稳定性的“拱形理论”；1885—1897年，Hansse建立了采空区上方有三带分布的沉陷模式。19世纪末，欧洲工业大发展导致对有用矿产的需求大幅增加，促使沉陷理论研究逐步深入，在研究各种沉陷分布与崩落角度的同时，也开始了地表下沉与变形规律的研究[2]。

国内外对在建筑物下、铁路、公路、河流下采矿引起的岩层移动、地表沉陷已经做了大量的研究[3]。Faddick等[4]探索了采矿及地下空洞对建筑物地基的危害。吴启红等[5]为准确评价多层采空区群的稳定性，考虑数值模拟的局限性且采空区稳定性影响因素较多，提出了数值模拟分析（整体分析）与多级模糊评判（单个分析）相结合的综合评价方法。冯岩等[6]为了更合理精确地评价采空区危险性，对利用神经网络评价的方法进行优化，建立了主成分分析法与神经网络结合的采空区危险性评价模型。国内外研究经验表明[7-14]，虽然取得了较多研究成果，但采空区稳定性问题仍然有待于进一步研究。

目前，针对高速公路下伏采空区特点主要是分析其残余移动与变形对公路的损害、工程治理技术和工程实例的介绍，而理论研究很少。童立元等[15]以有限元数值模拟为手段，研究了采动响应、采空区残余变形、不同工况条件等因素影响下下采空区对地表移动与变形产生的影响，并对高速公路与下伏采空区相互规律进行了探讨，以数值仿真手段为主，并未从理论角度进行深入研究。吴盛才等[16-17]用概率积分法通过实例对高速公路下伏采空区地表移动与变形值进行预计，描绘了采空区主断面变形范围，依据该范围进行采空区稳定性评价，但并未对高速公路的影响进行深入分析。王爱群[18]以京台高速公路徐州段采空区处治工程为例，分析煤矿老采空区采用带状注浆充填设计理论，为计算带状充填有效宽度、注浆孔间距提供理论依据，并结合高速公路工程建设实例，提出了条带注浆布孔方法和原则，确定了注浆充填范围。王渭明等[19]考虑拉、压弹性模量不等以及水平应力作用，引入 Norton 非线性应力应变关系及 Kachanov 损伤演化规律，建立了采空区顶板的蠕变损伤模型，定义弹性模量比例系数 α 及水平应力系数表征弹性模量和轴向压力对蠕变损伤的影响，给定特定参数分析了断裂孕育时间、有效应力、有效高度、损伤因子等变化规律。彭帅英等[20]针对遗传算法存在的缺陷，提出了用小生境方法改进遗传算法；为了提高采空沉陷预测精度，借助 Holt-Winters 模型的预测功能，应用改进遗传算法求解和优化 Holt-Winters 模型组合参数，形成了改进遗传算法-Holt-Winters 模型组合算法，并将组合算法应用于长平高速公路采空区路段沉陷预测。

总的来说，这些研究成果缺乏系统性，且多数跨学科的稳定性计算方法尚需大量工程实际检验，且并没有深入研究老采空区与公路之间的相互关系，对老采空区残余变形对高速公路影响机理认识有待于进一步研究。

1.1.2 采空区的探测及监测研究现状

1. 探测研究现状

美国等一些国家对于采空区探测以物探方法为主，国内则主要采用钻探对采空区进行探测。物探方法具有破坏性小、节省成本、代表性强等特点，近年来国内也认识到物探技术的优越性及重要性，逐渐大范围应用起来。最早发展起来的物探技术主要以电法、电磁法、地震法及微重力法等为主。随着技术发展和计算机计算能力的逐渐提高，高分辨率地震勘探和高密度电阻率勘探技术尤为突出。

对于地震法探测应用最为广泛的是日本，日本在该探测技术的发展处于世界领先地位，且日本的电法、电磁法等方法应用也非常广泛。例如，日本 VIC 公司于 20 世纪 80 年代自主开研发了全自动地下勘察机器，后续推出了一系列勘察机械和仪器[21]。

欧洲部分国家在采空区探测方面也广泛地应用物探技术，如俄罗斯、英国、法国等多采用电法、瞬变电磁法和地震反射波法等，尤其是英国和法国地质雷达探测技术最为发达。国内在物探技术探测采空区方面起步较晚，但近年来在地球物理勘探方面也进行了大量的研究，多种物探方法在国内得以发展和推广，某些方面甚至赶超了国外先进水平[22-31]。如瞬态瑞利波探测法、地质雷达探测技术、CT 技术、超声波成像探测技术以及更为先进的 RS（卫星遥感技术）和 GIS（地理信息系统技术）等[32]。随着我国信息处理速度及测量精度的迅速提高，利用物探手段对地下采空区进行探测将成为有力的探测手段而被广泛应用。

我们国家针对采空区探测勘察编制了两部规范，即《岩土工程勘察规范》和《公路工程地质勘察规范》。其中，《岩土工程勘察规范》针对采空区开采方式进行划分，给出了老采空区、现在采空区和未来采空区具体勘察方法和原则，尤其指出在搜集资料及调查访问的重要性，并对勘察探测物探和钻探布线、布孔及钻孔深等进行了详细的规定。该规范对于采空区建筑场地进行了详细划分，明确了不宜建筑场地、相对稳定建筑场地划分标准，并对小窑采空区特点及勘察问题进行了介绍。《公路工程地质勘察规范》从初勘和详勘两个阶段对采空区勘察进行了详细介绍，分别指出各个阶段勘察中需注意的问题，具体调查内容、方法、钻探要求等。

目前，国内外对于高速公路下伏采空区探测及稳定性研究主要还是以采矿情况调查、工程钻探、地球物理勘探为主，观测试验为辅。然而如何能够低成本、高效率、少扰动地确定高速公路下伏采空区位置及充填状态是必须要解决的问题，根据采空区特性综合多种手段建立成熟的联合探测体系尤为重要。

2. 监测研究现状

早在 19 世纪末，采矿引起的覆岩移动与破坏以及由此造成的井巷和地面建筑物的损害就引起了人们的注意，并进行了初步的观察和记录。20 世纪 30 年代，在一些产煤先进国家已对岩层与地表移动进行了科学研究。从 1950 年到现在，岩层与地表移动理论的科学研究获得了蓬勃发展，特别是进入 20 世纪 70 年代以后，由于人们对矿产资源的迫切需要，新的观测仪器及电子计算机的广泛应用，从而使岩层与地表移动的学科成为采矿科学的重要组成部分，成为解决“三下”采煤和井巷保护技术的基础理论之一。

岩层和地表移动最初的研究工作是从现场实地观测开始的，现场观测为认识岩层和地表移动规律提供了大量数据，许多科学结论都是在分析大量实测资料基础上得出来的。目前从观测仪器到观测方法都有了极大的发展，所得观测结果也大为增加，为科学分析研究提供了更为便利的条件。地表移动变形监测的基本方法有传统的常规大地测量方法、GPS 方法、近景摄影方法、hisar 技术等。

空间对地观测技术的发展为地面沉降变形监测提供了全新的方法。利用空间遥感技术测绘地面沉降，是当前监测技术发展的新方向。这种技术具有连续空间覆盖、高度自动化和高精度监测地面沉降变形的能力。它是利用不同时间测得的卫星合成孔径雷达地面图像相重叠而形成的微分干涉图像，图像中一个相干颜色条纹循环代表一定数量的地面变形变量，并通过对比地面变形实测值来确认，再利用计算机处理形成地面变形等值线图。与其他监测方法不同的是，它不再是对有限数目的离散点进行监测。合成孔径雷达干涉测量技术备受国内外学者和研究人员的关注，应用它进行地面沉降变形监测成为地面沉降变形监测的主要研究方向之一。

随着科技的不断进步，地下矿山安全监测手段不断得到改进，监测方法已开始逐步由传统监测方法向现代智能监测方法转变，如 3D 动态空区激光监测系统、微震监测系统、巷道顶板离层自动监测报警系统等在井下事故预测及井下救援等都得到了较好的应用。采用上述仪器系统并结合无线数据传输技术、计算机网络技术、数据库技术、通信技术、自动控制技术、自动检测技术，通过设在井下各采掘工作面内和采空区观测点的传感器，可对围岩应力、围岩与顶板变形及位移、岩爆等进行实时动态监控，并即时将现场实测数据信息发至地表，一旦发现井下异常状况，可根据事先设定的程序和步骤及时发出警报，并令工作地点的人员停止作业，迅速撤离出危险区域。

我国的声发射研究始于 20 世纪 70 年代。随着电子元件集成化和计算机技术的发展，国内声发射仪的研制发展也很快。长沙矿山研究院、北京矿冶总院、武汉安全环保研究院等单位相继开发研制或改进了一系列的声发射仪，并在大冶公司、金川公司、云锡公司、凡口铅锌矿等许多矿山进行了声发射监测，取得了良好的效果。

3D 动态空区激光监测系统(CMS)主要应用于井下采场及空区的动态监测和精密测量，在北美洲和澳大利亚地区已成为井下采空区测量和监测的主要手段。对于危险或人员无法进入的矿山地下空间，CMS 是目前唯一有效的测试手段。CMS 除用于井下空区监测以外，还可在矿山日常生产中发挥作用，如改善爆破效果，降低损失贫化等。

我国首套 16 通道全数字型微地震监测系统在凡口铅锌矿建成。该套监测系统由地面监测站、井下数据交换中心和接收传感器阵列三大部分组成，为全数字、宽频带、多通道自动化微地震监测系统，用于该矿深部矿床开采的地压灾害监测。该系统现开通16个通道，16个传感器阵列监测的覆盖范围达300 m×300 m×300 m，可进行全天候实时监测，对震源的定位误差不大于3 m。监测系统配置有可视化监测分析软件，建有三维旋转立体模型，软件分析系统操作方便。该套监测系统的建成和投入使用，对于促进我国深部矿产资源开发、加强矿山地压监测和矿山安全管理，具有积极作用。

采空区残余变形，危及地表以及高速公路路基稳定，因此对上覆岩层稳定性的实时监测显得尤为重要。目前上覆岩层移动监测中多采用位移监测，如在采空区影响区域内，地表埋设混凝土监测墩[33]。根据长期对混凝土墩的各向位移的监测，即可得出采空区变形对地表的影响，但这种方法难以监测到采空区上覆岩层的变形情况。为得到采空区上覆岩层移动规律，在采空区影响区域内进行钻孔，钻孔中采用膏体充填埋设多点变位计进行观测[34]。该方法可以长期有效地对采空区上覆岩层位移进行监测，但采空区上覆岩层分布着“三带”，对该类型岩层进行膏体充填时容易跑浆，使监测耗费大量人力、物力、财力，并且采空区封底也是较难以解决的问题。

采空区位移原位监测中，监测仪器和手段越发精密、自动化，而监测系统本身维护费用也就越高、维护周期短、成本也大，具体工程应采用不同的监测方案和设备。

1.1.3 高速公路与下伏采空区相互作用研究现状

国内外早已针对开采沉陷及“三下”采煤技术进行了大量研究，并形成了矿山开采沉陷学等学科，但是涉及采空区对高速公路稳定影响程度评价研究却非常少，尤其是不同影响因素下采空区残余变形特性对高速公路的影响方面的研究就更为少见，这对于下伏采空区情况下高速公路建设是一个亟待解决的崭新课题。

根据采空区情况不同，其对地表的位移影响可能呈连续性或非连续性，这种变形对于高速公路会产生以下几种情况的病害：采空区呈非连续性变形，地表产生塌陷坑、台阶等，会导致高速公路路基沉陷、扭曲甚至是断裂等病害。高速公路明显表现为线性恶化、承载力降低、标准降低，雨季中会导致路面严重积水，造成病害进一步恶化。而对于行车影响，会导致行驶舒适性降低，行驶车辆稳定性变差，甚至是导致交通事故频发。致使采空区地表重新失稳可能的诱因有：在采空区上方修建建筑物、地表大面积堆载、地震活动、邻区开采、煤柱失稳、多煤层开采、区域地质构造活动、地下强排水或充水等，都可能打破原先建立的应力平衡，使采空区活化，其表现为冒落带再压密，导致地表下沉，沿层面或断层面产生滑动变形、空洞冒落引起地面塌陷，进而使新建建筑物沉降、局部开裂、倾斜，甚至倒塌[35-41]。

现有的文献中对老采空地表的残余移动变形有一些研究，但存在明显的不足。比如文献[42]，利用理想半无限开采下沉分布和实际半无限开采下沉分布，推导了老采空区上方地表残余移动变形预计公式，但忽略了实际老采空区边界的可能活化空间和中部的可能活化空间具有的差异性很大。文献[43]对老采空区走向主断面的残余移动变形进行分区研究，但未考虑老采空区的覆岩结构形态，分区不够合理，也仅给出了走向主断面地表的残余移动变形预计公式，未能够实现对老采空区边界活化引起的地表任意点移动变形预计。另外，文献[44-46]从数值模拟角度对老采空区残余移动变形进行预计。然而对于老采空区的覆岩形态结构的模拟和损伤岩体参数的确定是很困难的，难以得到满意的结果。

20世纪80年代始，英国、德国等一些学者对于高速公路下伏采空区、空洞对路基稳定性影响进行了一定的研究，如Sargand、Drumm等[42-43]。但成果零乱，没有形成系统。国内近年来高速公路建设越发密集，穿越采空区的情况也越来越多，我国在此方面的研究也开始逐渐起步，如涉及高速公路下伏采空区情况的石太高速公路、晋焦高速公路、乌奎高速公路及京福高速公路等均对采空区问题进行了一定的研究尝试，但基于的理论研究和技术手段不够完善，主要还是以工程经验积累为主。例如，小窑采空区不同情况下顶板稳定性分析评价和临界深度确定经验方法就被列入了《岩土工程手册》和《工程地质手册》；邓红卫等[47]以半定量的分析方法、模糊数学中二级模糊综合评判法和非线性有限元方法对潭邵高速公路下伏岩溶空洞及采空区对路基稳定性影响进行了研究，提出了岩溶空洞及采空区顶板安全临界厚度确定方法。李满囤[38]结合太古二级公路采空区工程实例针对小窑采空区空顶板稳定性条件进行了研究；余学义[39]以太旧、晋焦高速公路下伏采空区采动对地表高速公路影响进行了研究，同时指出采动对地表高速公路稳定性影响处于起步阶段，还存在大量难以确定和解决的问题，如采空区残余变形引起的沉陷及水平位移对路基承载力等问题的影响还需进行大量的研究与实践等。

针对采空区稳定性评价的理论主要有以下几种[44]：一是以实际资料为依托的经验公式法，如在我国广泛采用的负指数函数法、针对各个地区采用不同的典型曲线法等；二是被波兰广为采用的Budryk-Knothe理论法；三是我国较为成熟的概率积分法，该法源于波兰学者李特威尼申的随机介质理论，后经刘宝深、廖国华等优化发展形成了目前常用的概率积分法。这些方法经改进后可以应用到高速公路下伏采空区的稳定性评价中，还有学者引入相关学科的研究手段来解决该问题，比如灰色预测方法及稳健统计方法，采空区矢量法、模糊数学方法等，但这些方法具有跨学科的优势，也需大量工程实践进一步验证其适用性。理论分析中还可以将采空区条件进行简化，等效成一个理想的数理力学模型，进行解析数值求解，常见的有结构力学方法。或是将采空区顶板简化成有不同约束条件的梁，或是将顶板稳定视为拱模型，从拱的力学稳定角度进行研究。

随着计算机技术发展，数值模拟法也被广泛应用到高速公路下伏采空区研究中来。数值模拟可采用有限元、离散元、边界元及有限差分等方法进行模拟[48-51]。其中，有限元方法应用最为广泛，发展也最迅速、成熟。它的优点在于可以根据不同的地质情况选用不同的本构关系进行描述，且内部单元灵活多变，对于大型复杂的开采沉陷预测问题求解较易收敛，模拟结果贴近工程实际。国内外适用于岩土工程研究的有限元计算软件无须编程可直接使用，如ADINA、SAP、NCAP、NOLM83、UDEC、FLAK、ANSYS等，初期均限于软件自身以及计算机的计算能力多以平面有限元对工程实际进行数值模拟，二维单元模拟已经很成熟。针对贴近实际来看，三维空间的岩土工程模拟是现在的发展趋势，对于模拟岩土蠕变、裂隙开展及断裂沉陷等破坏也越发重要。ADINA具备求解大型非线性问题的强大功能，其对于大、小变形问题求解具有很大优势，并自带单元“生死”模块，便于岩土问题的开挖、支护的模拟。ADINA-AUI具有交互式图形界面，可以创建位移、应力、应变矢量图和位图，针对不同节点可以提取相应数据，对于岩土三维问题分析收敛性很好，适合用于高速公路下伏采空区问题的模拟分析。

1.1.4　高速公路下伏采空区治理研究现状

采空区地基处理措施，主要以预防和控制地表残余沉陷的发生为主。采空区充填体虽不能够完全消除采空区围岩变形和破坏，但大大降低了上覆岩层的移动和自由发展。充填工艺发展主要经历了干式充填阶段、水砂混合充填阶段和胶结膏体充填阶段。干式充填材料特点是空隙大、密实度低、充填效率也低，由于充填体自身会被再次压缩，因此对于上覆岩层移动的抑制效果较差，但材料本身成本较低；水砂混合充填对所选取的填料要求较高，如对填料的颗粒强度、渗透性和化学稳定性等均有一定要求，该方法充填输送方便，充填效率较高；胶结膏体充填由骨料和胶凝材料组成，该法充填效率较高，对于上覆岩层抑制效果也好，骨料一般采用碎石、细砂及尾矿砂等，而胶凝材料一般用水泥，该方法充填成本较高。随着技术的发展，膏体充填发展也十分迅速，新型膏体充填材料的研发也成了研究热点。为了降低膏体充填成本，掺入工业废料粉煤灰制备采空区膏体充填材料是很好的途径。冯国瑞等对充填体中从激发粉煤灰活性角度进行了大量试验研究，提出了激发剂采用及配比建议。张钦礼等从粉煤灰在充填体配比角度进行研究，提出了最优配比。徐俊明等将粉煤灰与其他充填材料混合对采空区进行充填，得到了有意义的结论。目前，掺入粉煤灰的膏体充填材料研发思路主要从外加剂或不同骨料的混合角度出发进行研究，而对于凝胶材料本身的改性研究较少。本书采用泡沫混凝土作为胶凝材料，掺入一定比例粉煤灰制备采空区膏体充填材料，对该充填体的配比及物理特性进行了探讨性研究。

1.2 研究存在的问题

上述研究成果仍然存在不足，主要体现以下几个方面：

(1) 在采空区稳定研究理论中，跨领域的稳定性计算方法尚需大量工程实际检验。就建立的力学模型而言，多数研究将矿柱简化为弹性或黏弹性的winkler基础，将顶板简化为弹性梁、弹性薄板、黏弹性薄板或弹性厚板，对采空区顶板稳定性控制起到了重要的指导作用，但这些研究仅分析垂直方向均布荷载作用下的变形规律，忽略了水平荷载的作用，因而与工程实践有些差别。

(2) 目前对于老采空区位置及状态的确定多为重探测而轻验证，且需采取大面积深钻孔的方法来进行验证。以更多种物探手段综合探测取长补短的方法，大大提高了物探成本，配以密集大深度的钻孔验证提高验证准确性，但验证成本增加的同时也破坏了老采空区的稳定结构，很容易造成老采空区活化，产生二次灾害。采空区原位监测中普遍成本过高，而且越精密的监测仪器越容易损坏，后期维护困难。

(3) 采空区与高速公路相互作用中其空间位置影响的研究成果非常少，多数都以采空区与高速公路走向相同且采空区水平为假设条件，且数值模拟过程中采空区充填状态及充填程度不同，其残余变形对高速公路稳定性影响也会有较大差异。对于采空区内部状态的模拟处理方法较为粗略，或是假设强度，或是局部探测决定整体强度，或是直接用空洞模拟，得出结果与实际情况差别较大。

(4) 对于采空区治理充填体的研究中，充填体成本、充填技术及充填效果相互制约限制，科研工作者仍在寻求最优充填体积极探索，本书针对充填体试验也进行了积极的尝试和探讨。

1.3 研究意义

煤炭资源为我国国民经济发展做出了巨大的贡献，但超常规、无序、粗放式开采，在许多矿区已经形成了大面积、大规模采空区。然而，随着我国高速公路修建迅猛发展，在采空区上方修建高速公路已经不可避免。下伏采空区对地表高速公路是一个巨大的潜在威胁，尤其是采空区的残余变形具有隐蔽性、复杂性、突然性及长期性的特点。目前，针对高速公路下伏采空区探测及稳定性研究主要以经验总结和工程实例介绍为主，由于缺乏足够的理论支持，无论是采空区残余变形对高速公路的影响，还是后期治理预防采空区残余变形所采取的相应措施，在人力、物力及财力方面损耗巨大，工程可靠性差，甚至留下工程隐患。因此，对高速公路下伏采空区探测及稳定性研究是非常有必要的。

1.4 研究内容

(1) 以枣木高速公路下伏老采空区为研究对象，建立探测验证体系。

探测方案：依据现场调查及前期浅部钻孔资料进一步缩小采空区探测范围，选用高密度电阻率法布置测线进行探测，根据该探测结果分析确定高分辨率地震法探测靶区，得出高分辨率地震映像图，初步确定高速公路两侧采空区填埋状态及具体位置。

验证方案：针对初步探测采空区的位置进行验证。加深特征位置钻孔至采空区内部，通过钻芯取样、钻孔内声波探测及钻孔电视成像技术验证采空区位置及状态，如有偏差则对探测结果进行修正，确定最终采空区填埋位置及状态。

(2) 针对目前采空区原位监测仪器普遍成本过高、越精密的监测仪器越容易损坏、后期维护困难特点，改进原位监测仪器结构，使其更适用于采空区原位长期监测。

(3) 将采空区顶板简化为弹性薄板，将矿柱简化为符合 Kelvin-Voigt 模型的黏弹性体，建立复杂荷载条件下采空区顶板-矿柱体系流变力学模型，推导采空区顶板的控制方程并采用伽辽金方法进行求解，用于预测采空区顶板的稳定时间；利用概率积分法对高速公路下伏采空区最终变形和残余变形进行预测。

(4) 采用数值模拟手段研究采空区残余变形与高速公路相互作用影响规律，将其内部处于的充填半充填状态假设称为抗压不抗拉的等效充填体，该充填体为各向同性均匀连续体，均匀弥散于采空区内部，以“等效充填折减”思想对采空区进行数值模拟。

（5）研究采空区充填体受力特点，采用粉煤灰泡沫混凝土作为充填体进行试验特性研究，以试验及数值模拟手段验证该充填体减沉效果。

研究技术路线见图 1-1。

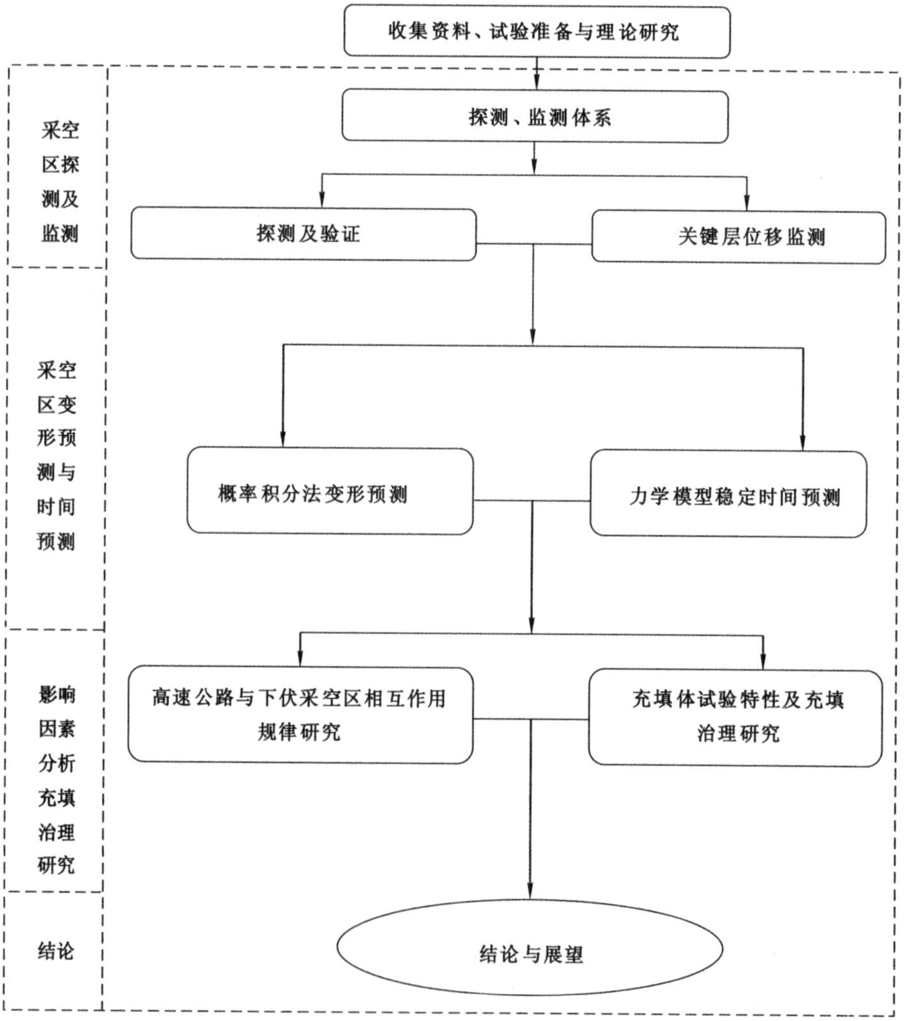

图 1-1　研究技术路线

第 2 章　高速公路下伏采空区探测及验证体系

2.1　研究背景

山东省枣庄至木石的高速公路——枣木高速公路于 1995 年建成通车。该高速公路木石段北侧约 500 m 处为兖州矿业集团鲁化公司的南大门，是该公司向南运送物料的主要通道。与大门连接的路段横穿高速公路而过，从而形成一个在高速公路上相对开放的交叉点。该交叉点不仅破坏了高速公路的完整性，而且影响了鲁化公司的正常运料，无形中成为一个交通事故多发地点。鉴于此原因，有关部门协商决定在此区域拟建一座公铁立交桥。由于拟建地点位于地下煤炭开采形成的采空区上方，因此必须要对采空区稳定进行研究。虽然地下煤炭开采于 2005 年底已结束，地表下沉的活跃期和衰退期也已经结束，但采动覆岩的残余变形及地下岩层的再次失稳危险仍然存在，而且现在对地下采空区的具体塌陷情况不十分清楚。非常有必要对公铁立交桥拟建区域的地表稳定性进行评价，并对该区域地表的高速公路下沉变形趋势做出科学的预测。

枣木高速公路改建工程木石段公铁立交桥所在地点及附近区域属魏庄生建煤矿开采范围。该煤矿布置有一对主副斜井，在 3# 煤层露头附近，向东及东南沿煤层的倾斜方向开采。地下开采 3# 煤层厚度变化在 1.3～13.0 m 之间，大部分区域为 3～8 m。煤层向东及东南倾斜，倾角为 22°，局部倾角变化在 23°～26° 之间，倾斜投影长度在 1 000 m 左右。3# 煤层以下的其余三层煤分别为十四层、十五层、十六层煤，均未开采。在整个开采区域内，拟建立交桥下的局部区域开采情况如表 2-1 所示。该区域停采时间为 1984 年，开采时间段主要采用残采、穿采方式，直接垮落式管理顶板。

表 2-1　$3^{\#}$ 煤层高速公路沉陷区域地下开采情况

序号	煤层编号	地质年代	开采深度/m	平均开采厚度/m	倾角/(°)	备注
1	三层	二叠系下二叠统	85～115	5	23～25	已采
2	十四层	石炭系石炭统	—	—	—	未采
3	十五层	石炭系石炭统	—	—	—	未采
4	十六层	石炭系石炭统	—	—	—	未采

而在 1985—2005 年，魏庄生建煤矿仍然采用残采、穿采方式和直接垮落式管理顶板开采 $3^{\#}$ 煤层。但开采范围已经相对远离拟建立交桥区域，距离为 240～360 m。具体开采情况如表 2-2 所示。

表 2-2　$3^{\#}$ 煤层高速公路沉陷区域以外的开采情况

序号	煤层编号	地质年代	开采深度/m	平均开采厚度/m	倾角/(°)	备注
1	三层	二叠系下二叠统	130～176	3～8	23～26	已采
2	十四层	石炭系石炭统	—	—	—	未采
3	十五层	石炭系石炭统	—	—	—	未采
4	十六层	石炭系石炭统	—	—	—	未采

2.2　采空区探测验证体系的建立

由于高速公路下伏采空区在时空上的复杂性，客观上为采空区的精确定位和探测增加了很大难度，也为寻求采空区探测方法提出了挑战，对于探测高速公路下伏采空区的空间精确定位和充填状态，其探测手段与方法必须有如下要求：

(1) 安全便捷

由于高速公路下伏采空区内部十分复杂，年代久远，上覆岩层及其采空区围岩自稳性差。因此，进行高速公路下伏采空区探测时人员不能直接进入采空区，也不能通过工程施工(井巷工程)进入采空区，靠肉眼与常规测量仪器进行实地测量，最好的方法是在地表直接进行观测，作业安全，测量时间短，探测劳动强度小，方便快捷。

(2) 工作环境好

井下空气潮湿、有毒有害气体多，特别是井下的腐蚀性气体会对精密先进的电子仪器仪表造成伤害。因此，在空区上方的地表进行探测，不仅劳动条件好，而且仪器设备不易受潮和损坏，测试人员健康不受影响。

(3) 成本低

采用地表探测方法，不用掘进或修复井巷工程，不破坏岩体的完整性和稳固性，有利于保护地表，防止采空区突然冒落；同时节省大量工程费用，有利于残矿资源回收。另外，节约了直接进入采空区探测所需安全防护费、通风照明费、巷道施工与维护费等，探测成本低。

(4) 精确度高

利用岩石与采空区的基本物理性质差异，从三维空间上观测采空区位置、大小、形状，排除了阴暗、潮湿、多尘环境下的视觉误差，具有精度高、效果好的特点。基于此，金属矿隐覆采空区探测方法应该与采空区形成特点、地形环境、野外特点、精确度要求等相适应，充分发挥各种探测方法的长处与优点，使高速公路下伏采空区探测做到安全、快速、精准、经济。

2.2.1　常用物探法介绍

随着科技发展，采空区探测方法较为多样化，常用的可以归纳为：电法探测、地震法探测和其他方法探测。

1. 电法探测

电法探测是根据地壳中各类岩石或矿体的电磁学性质（如导电性、导磁性、介电性）和电化学特性的差异，通过对人工或天然电场、电磁场或电化学场的空间分布规律和时间特性的观测和研究，寻找不同类型有用矿床和查明地质构造及解决地质问题的地球物理勘探方法。主要用于寻找金属、非金属矿床、勘查地下水资源和能源、解决某些工程地质及深部地质问题。

在探测采空区中，电法探测主要是根据采空区上覆围岩特性的不同差异性，比如上覆岩层导电性能的差异、电化学活动性差异、电磁感应差异，来判断其具体状态。通过特定仪器进行观测采空区，对收集到的电差异信号进行分析、解译，来寻找采空区位置及识别采空区围岩状态、充填状态。以直流电场为基础的探测，统称为直流电法，常用的有电阻率法和自然电场法等；以交流电法产生的交变电磁场为研究对象的，统称为交流电法，常用的有电磁法和无线电波透视法等。

高密度电阻率法指的是直流高密度电阻率法，但由于从中发展出直流激发极化法，所以统称高密度电法。高密度电阻率法实际上是一种阵列勘探方法，野外测量时只需将全部电极（几十至上百根）置于测点上，然后利用程控电极转换开关和微机工程电测仪便可实现数据的快速和自动采集。当测量结果送入微机后，还可对数据进行处理并给出关于地电断面分布的各种物理解释的结果。显然，高密度电阻率勘探技术的运用与发展，使电法勘探的智能化程度大大向前迈进了一步。高密度电阻率法是一种阵列勘探方法，野外测量时只需将全部电极（几十至上百根）置于测点上，然后利用程控电极转换开关和电测仪便可实现数据的快速和自动采集。当测量结果传送至电脑后，对数据进行处理并给出关于地电断面分布的各种物理解释的结果。相对于常规电阻率法而言，它具有以下特点：电极布设是一次完成的，这不仅减少了因电极设置而引起的故障和干扰，而且为野外数据的快速和自动测量奠定了基础；能有效地进行多种电极排列方式的扫描测量，因而可以获得较丰富的关于地电断面结构特征的地质信息；野外数据采集实现了自动化或半自动化，不仅采集速度快（大约每一测点需 2～5 s)，而且避免了由于手工操作所出现的错误；可以对资料进行预处理并显示剖面曲线形态，脱机处理后还可以自动绘制和打印各种成果图件；与传统的电阻率法相比，成本低、效率高、信息丰富、解释方便、勘探能力显著提高。

2. 地震法探测

地震法探测是利用地下介质弹性和密度的差异，通过观测和分析大地对人工激发地震波的响应，推断地下岩层的性质和形态的地球物理勘探方法。地震勘探是钻探前勘测石油、天然气资源、固体资源地质找矿的重要手段，在煤田和工程地质勘查、区域地质研究和地壳研究等方面，也得到广泛应用。

该探测方法应用到采空区中主要是依据采空区及其上覆围堰状态对地震波传播影响的不同，来判断采空区的具体位置及其充填、围岩特性。原理是利用人工激发出来的地震波在所探测区域不同地层内传播规律的差异性，判断解译地下的地质情况。地震波在地表激发，当地震波向所探测地下区域传播时遇到弹性不同的地质层分界面就会发生反射波和折射波，采用专门仪器将该信号接收处理、解译，根据波传播过程中经历的时间、地震波的振幅特点等，就能够获得探测区域采空区的特征分布。

地震法具体可细分为：反射法、折射法和地震测井。

研究很浅或很深的界面、寻找特殊的高速地层时，折射法比反射法有效。但应用折射法必须满足下层波速大于上层波速的特定要求，故折射法的应用范围受到限制。应用反射法只要求岩层波阻抗有所变化，易得到满足，因而地震勘探中广泛采用的是反射法。

反射法是利用反射波的波形记录的地震勘探方法。地震波在其传播过程中遇到介质性质、不同的岩层界面时，一部分能量被反射，一部分能量透过界面而继续传播。

在垂直入射情形下有反射波的强度受反射系数影响，在噪声背景相当强的条件下，通常只有具有较大反射系数的反射界面才能被检测识别。地下每个波阻抗变化的界面，如地层面、不整合面（见不整合）、断层面（见断层）等都可产生反射波。在地表面接收来自不同界面的反射波，可详细查明地下岩层的分层结构及其几何形态。

反射波的到达时间与反射面的深度有关，据此可查明地层埋藏深度及其起伏。随着检波点至震源距离（炮检距）的增大，同一界面的反射波走时按双曲线关系变化，据此可确定反射面以上介质的平均速度。反射波振幅与反射系数有关，据此可推算地下波阻抗的变化，进而对地层岩性作出预测。

反射法勘探采用的最大炮间距一般不超过最深目的层的深度。除记录到反射波信号之外，常可记录到沿地表传播的面波、浅层折射波以及各种杂乱震动波。这些与目的层无关的波对反射波信号形成干扰，称为噪声。使噪声衰减的主要方法是采用组合检波，即用多个检波器的组合代替单个检波器，有时还需用组合震源代替单个震源，此外还需在地震数据处理中采取进一步的措施。反射波在返回地面的过程中遇到界面再度反射，因而在地面可记录到经过多次反射的地震波。如地层中具有较大反射系数的界面，可能产生较强振幅的多次反射波，形成干扰。

反射法观测广泛采用多次覆盖技术。连续地相应改变震源与检波点在排列中所在位置，在水平界面情形下，可使地震波总在同一反射点被反射返回地面，反射点在炮检距中心点的正下方。具有共同中心反射点的相应各记录道组成共中心点道集，它是地震数据处理时所采用的基本道集形式，称为 CDP 道集。多次覆盖技术具有很大的灵活性，除 CDP 道集之外，视数据处理或解释之需要，还可采用具有共同检波点的共检波点道集、具有共同炮点的共炮点道集、具有相同炮检距的共炮检距道集等不同的道集形式。采用多次覆盖技术的好处之一就是可以削弱这类多次波干扰，同时尚需采用特殊的地震数据处理方法使多次反射进一步削弱。

反射法可利用纵波反射和横波反射。岩石孔隙含有不同流体成分，岩层的纵波速度便不相同，从而使纵波反射系数发生变化。当所含流体为气体时，岩层的纵波速度显著减小，含气层顶面与底面的反射系数绝对值往往很大，形成局部的振幅异常，这是出现“亮点”的物理基础。横波速度与岩层孔隙所含流体无关，流体性质变化时，横波振幅并不发生相应变化。但当岩石本身性质出现横向变化时，则纵波与横波反射振幅均出现相应变化。因而，联合应用纵波与横波，可对振幅变化的原因做出可靠判断，进而做出可靠的地质解释。

地层的特征是否可被观察到，取决于与地震波波长相比它们的大小。地震波波速一般随深度增加而增大，高频成分随深度增加而迅速衰减，从而频率变低，因此波长一般随深度增加而增大。波长限制了地震分辨能力，深层特征必须比浅层特征大许多，才能产生类似的地震显示。如各反射界面彼此十分靠近，则相邻界面的反射往往合成一个波组，反射信号不易分辨，需采用特殊数据处理方法来提高分辨率。

折射法是利用折射波（又称明特罗普波或首波）的地震勘探方法。地层的地震波速度如大于上面覆盖层的波速，则二者的界面可形成折射面。以临界角入射的波沿界面滑行，沿该折射面滑行的波离开界面又回到原介质或地面，这种波称为折射波。折射波的到达时间与折射面的深度有关，折射波的时距曲线（折射波到达时间与炮检距的关系曲线）接近于直线，其斜率决定于折射层的波速。

震源附近某个范围内接收不到折射波，称为盲区。折射波的炮检距往往是折射面深度的几倍，折射面深度很大时，炮检距可长达几十公里。

地震测井是直接测定地震波速度的方法。震源位于井口附近，检波器沉放于钻孔内，据此测量井深及时间差，计算出地层平均速度及某一深度区间的层速度。由地震测井获得的速度数据可用于反射法或折射法的数据处理与解释。在地震测井的条件下亦可记录反射波，这类工作方法称为垂直地震剖面（VSP）测量，这种工作方法不仅可准确测定速度数据，且可详查钻孔附近地质构造情况。

3. 其他方法探测

微重力、高精度磁测和地脉动探测法多用于磁场探测、矿产资源调查及污染调查，采空区探测中应用较少。

2.2.2 探测验证体系基本思想

随着我国高速公路建设的快速发展，高速公路穿越采空区是不可避免的，下伏采空区的存在便对地表高速公路的建设形成了巨大的潜在威胁。为了针对高速公路下伏采空区进行安全评价和有效治理提供科学依据，准确地确定其位置和状态则显得尤为重要[52-55]。

目前，对于老采空区位置及状态的确定多为重探测而轻验证，探测手段主要有地震探测、电法探测、电磁感应探测、探地雷达及放射性探测技术等[56-61]。不同的探测技术各有优势和不足，为了提高采空区位置及状态的准确性采用多种方法进行综合探测，来尽量排除各种物探方法的多解性和局限性，取长补短提高物探结论可靠性，而验证阶段则采取大面积深钻孔的方法。以更多种物探手段综合探测取长补短的方法，可以达到物探技术优势互补的目的，但也大大提高了物探成本，即使这样也难以提供真实的验证资料，而以密集大深度的钻孔验证提高了真实的验证资料，验证成本增加的同时也破坏了老采空区的稳定结构，很容易造成老采空区活化，产生二次灾害。因此，根据采空区情况如何采用少而合理的物探技术组合，并辅以有效的验证方法来综合确定老采空区的准确位置及状态十分必要。

目前应用于老采空区探测主要以地球物理探测技术为主，有地震探测、电法探测、电磁感应探测、探地雷达及放射性探测技术等。本章对高速公路下伏采空区段进行灾害调查，综合运用高分辨率地震探测、高分辨率电阻率法探测对高速公路下伏采空区位置及状态进行探测，充分发挥地震探测的大探深及电法对于充填状态准确探测的优势，并以特征位置的声波探测、钻孔电视成像技术及深钻孔资料对初步确定的采空区位置及状态进行验证和修正，最终准确测定老采空区位置及状态。

2.2.3　探测验证实施

1. 探测体系

现场调查及前期浅部钻孔资料进一步缩小采空区探测范围，选用高密度电阻率法布置测线进行探测，根据该探测结果分析确定高分辨率地震法探测靶区，得出高分辨率地震映像图，初步确定高速公路两侧采空区填埋状态及具体位置。

2. 验证体系

针对初步探测采空区的位置进行验证，首先，加深特征位置钻孔至采空区内部，通过钻芯取样、钻孔内声波探测及钻孔电视成像技术验证采空区位置及状态，如有偏差则对探测结果进行修正，确定最终采空区填埋位置及状态，流程如图 2-1 所示。

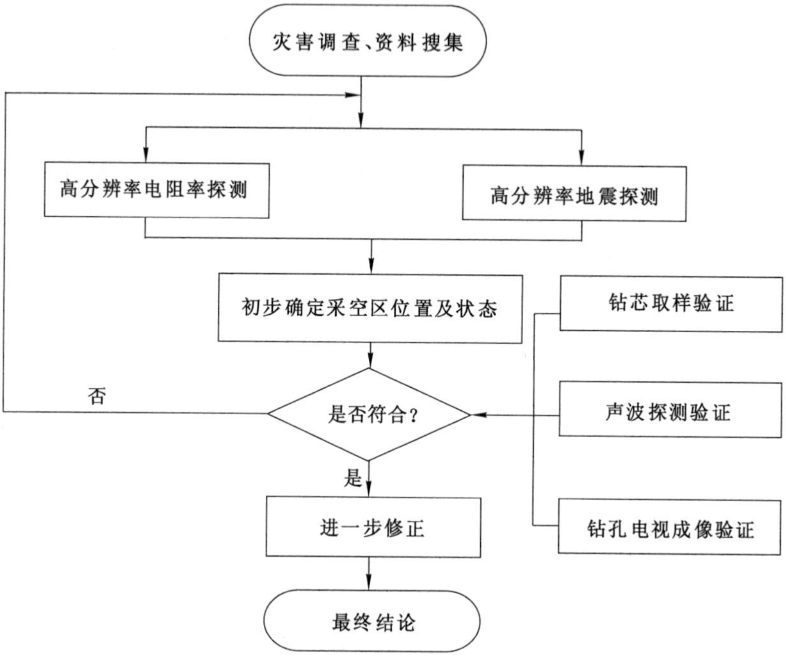

图 2-1　探测验证流程

2.3　采空区探测及验证

2.3.1　高速公路下伏采空区开采调查

根据前期掌握的地层浅部钻孔资料显示，高速公路沉陷影响区域内地层 10 m 以内以第四纪沉积物为主要覆盖层，在 10～30 m 深度区间内主要分布着全风化和强风化砂岩、页岩互层，K3＋684 处 25 m 左右就可见到发育的煤层，30 m 以下为弱风化、微风化岩体，更深层则无详细的钻孔资料。

煤矿开采情况：魏庄生建煤矿地处山东省滕州市，搜集资料显示，该煤矿布置有一对主副斜井在 3# 煤层露头附近(对应高速公路 K3＋760 处)向东及东南沿煤层的倾斜方向开采，方向与高速公路走向基本一致。煤矿开采区域的地表标高为 59～67 m，其中 3# 煤层开采厚度在 1.3～13.0 m 之间变化，大部分区域的开采厚度为 3～8 m。煤层倾斜方向为东南方向，倾角 22°，煤层倾角局部在

23°～26°之间变化，其倾斜在水平面投影长度约为 1 000 m。在 3# 煤层以下还有三层煤未开采。开采方式主要采用残采、穿采方式，直接垮落式管理顶板，该区域停采时间为 1984 年，而在 1985 年初到 2005 年末期间，仍然在对魏庄生建煤矿 3# 煤层进行开采，开采方式主要为残采、穿采，直接垮落式管理顶板。但开采范围已经相对远离高速公路，开采深度为 130～176 m，平均开采厚度为 3～8 m，倾角为 23°～26°，横向距离为 240～360 m。

由于煤层地质条件和赋存状况复杂，采掘过程中利用打眼爆破、临时支护等措施，采空区最终都将自然垮落充填。该处煤矿年代久远且经私人及集体形式经营采掘，已开采完的采空区具体情况掌握资料有限，无法查明详细的开采情况。该区域地层及煤层顶板岩体破碎，强度低，煤层巷道埋深较浅，临时支护下的巷道及采空区被顶板岩体塌落充填，必然导致地表的地质灾害发育，如前述高速公路两侧塌陷、高速公路边形及周围民房的破坏。

2.3.2 高速公路下伏地表灾害特征及调查

研究的高速公路位于山东省滕州市木石镇东南侧，区域局部存在陡坎，但总体地势较为平缓。公路两侧植被发育，前期因地表沉陷而导致公路扭曲变形的里程范围为 K3＋480～K4＋280，高速公路扭曲变形最为严重处如图 2-2 所示。护栏扭曲很严重，路基、路面沉陷变形很大。

图 2-2 高速公路变形

经调查在高速公路两侧主要地质灾害类型有地表沉陷变形、塌陷坑及地面裂缝等形式。

1. 地表沉陷变形及塌陷坑调查

如图 2-3 所示为高速公路北侧塌陷所形成的椭圆形池塘，池塘短轴长 10.5 m，长轴长 38.9 m，长轴方向与高速公路走向基本平行，该塌陷池塘位置与高速公路沉陷最大变形位置接近，池塘边缘有不同程度的张裂缝。在高速公路(K3＋480～K4＋280)段两侧，分布着多个小型塌陷坑，接近 K3＋760 处有的坑边缘还发育了环形张裂缝，缝宽不一，目前大部分沉陷区变形仍然有可能继续活跃，形成局部新型凹地。

图 2-3　公路北侧特殊地貌

2. 民房变形调查

该处民房距离高速公路 30 m 左右，区段为 K3＋780 处，为高速公路南侧。进入居民住宅调查发现墙体有 2 cm 左右大裂缝，如图 2-4 所示。联系该住户经询问得知，从 1997 年开始墙体逐渐出现裂纹并不断扩展，到 2000 年以后裂纹扩展最快，出于安全考虑该住户便搬离了该住处，从 2006 年与 2000 年相比裂纹仍然继续扩展，2006 年以后基本趋于稳定，其他住户民房墙体皆有不同程度的裂纹。

3. 高速公路裂缝调查

由于针对高速公路路面不定期进行了多次修补，因此高速公路面没有看到明显裂缝，只见扭曲变形。在高速公路路基侧有明显裂缝，裂缝上窄下宽，有的能够与地面发育的环形张裂缝相互贯通，K3＋754 左右处最为明显。

图 2-4　墙体裂缝

2.3.3　采空区联合探测

1. 电阻率法测线布置及探测结果

测线布置：如图 2-5 所示，测线 1 布置在高速公路北侧路基坡脚处，区段为 K3＋480～K3＋960；测线 2 布置于距离测线 1 北侧 30 m 处，并与测线 1 平行，区段为 K3＋750～K3＋905；测线 3 布置于高速公路路基南侧边坡坡脚处，区段为 K3＋470～K3＋950。

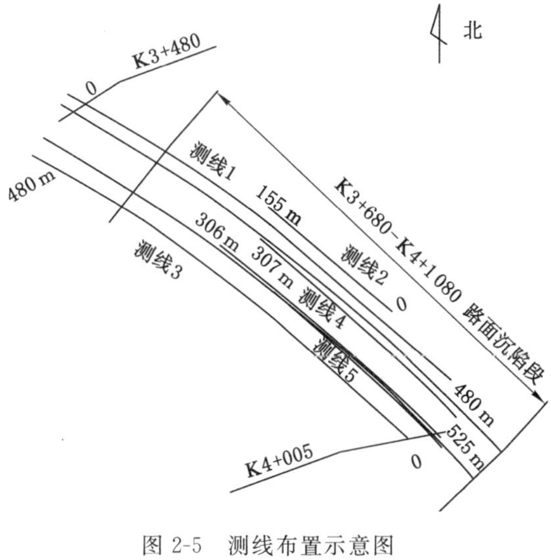

图 2-5　测线布置示意图

探测结果解译：在视电阻率图上若表现为高阻区特征，则说明采空区没有完全被水充填或者其他低阻物质充填[62]。测线1位于枣木高速公路北侧K3+480～K3+960区段坡脚位置。该测线采用WENNER高密度电阻率法进行探测，探测结果如图2-6和图2-7所示。为了便于不同剖面间的资料比对，两图中K3+640～K3+800区段重复测量。

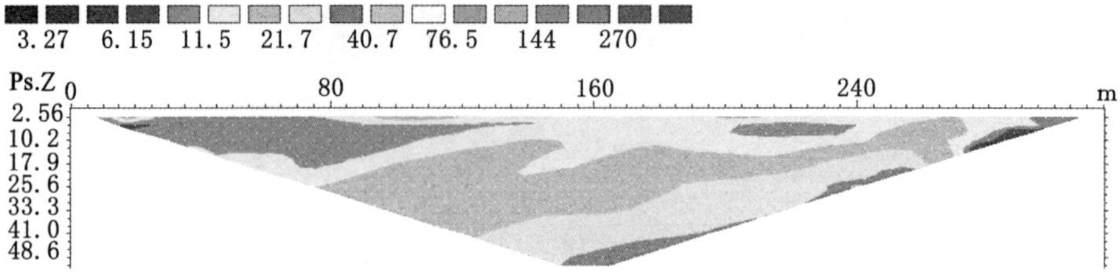

(a) 视电阻率剖面图

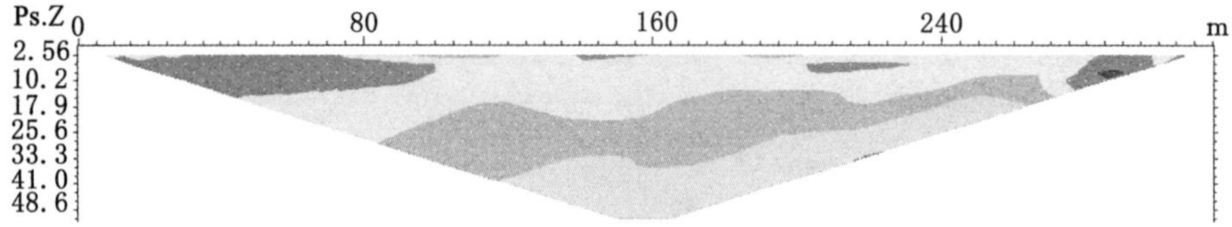

(b) 计算视电阻率剖面图

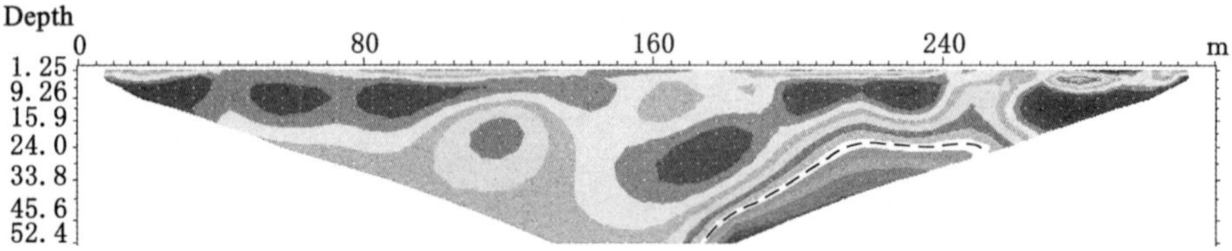

(c) 解译剖面图

图2-6　测线1 K3+480～K3+800区段电阻率映像

需要说明的是，图中的深度(Depth)标记为基于电场理论的理论深度，图中虚线表示推断采空变形区的顶界面位置。

从反演解译结果中可以看到采空变形区表现为高阻特征，在测线1的K3+640～K3+760区段、K3+820～K3+900区段采空变形区顶界面埋深较浅，并有一定起伏。由于电剖面反映深度较浅，没有看到采空区的电异常反映。

如图2-8和图2-9所示，在相应两区段的二极装置的实测剖面图上，采空变形区同样表现为高阻特征，虽然勘探深度增加，但并没有采空区分布的明显异常特征。这可能与采空区被塌落的岩石充填有关。

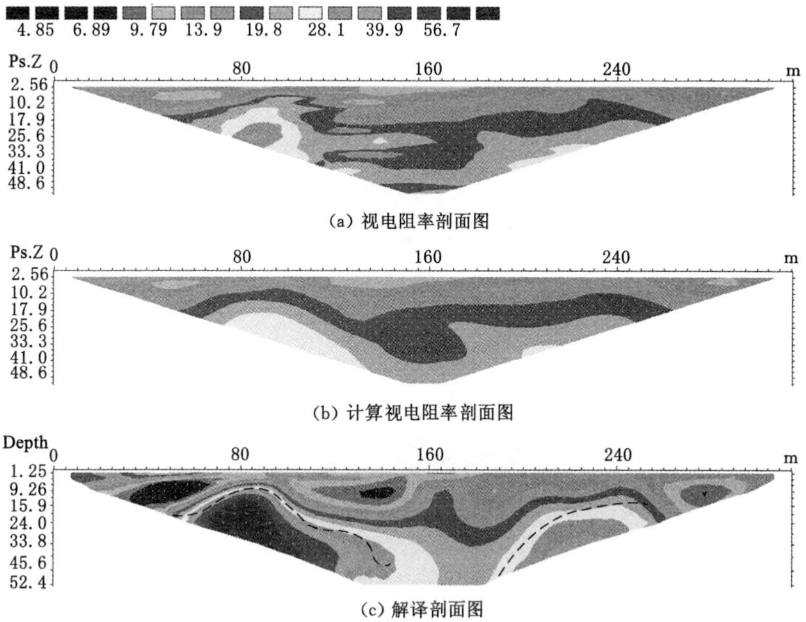

(a) 视电阻率剖面图

(b) 计算视电阻率剖面图

(c) 解译剖面图

图 2-7　测线 1 K3＋640～K3＋960 区段电阻率映像

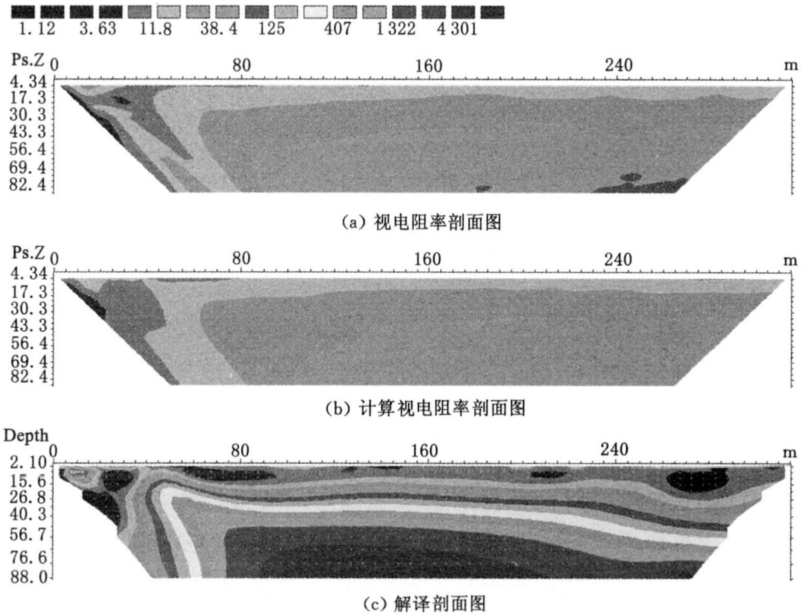

(a) 视电阻率剖面图

(b) 计算视电阻率剖面图

(c) 解译剖面图

图 2-8　K3＋480～K3＋800 区段二极装置电阻率剖面

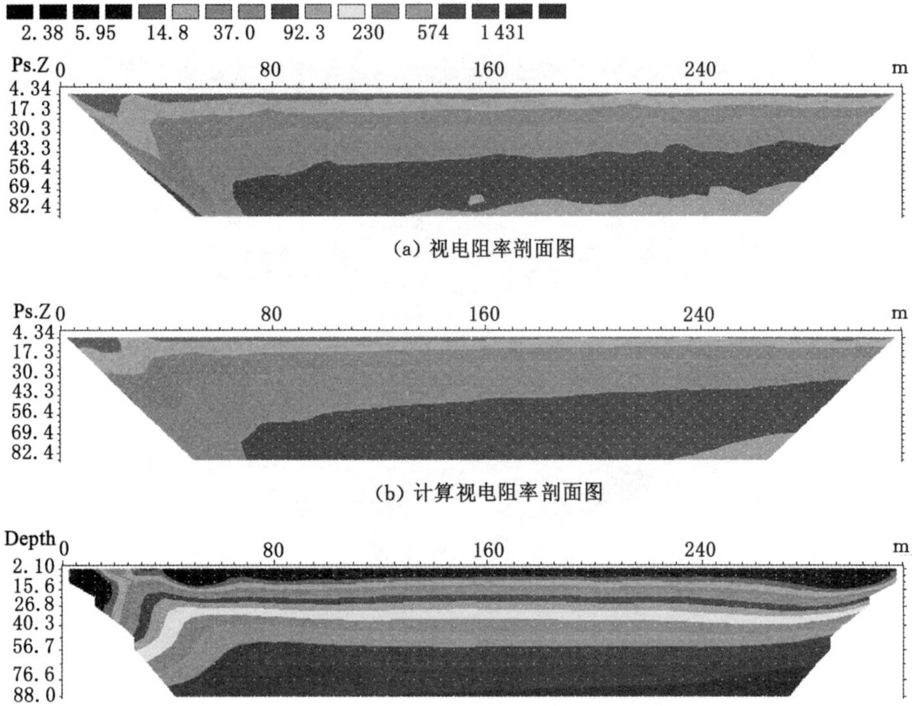

(a) 视电阻率剖面图

(b) 计算视电阻率剖面图

(c) 解译剖面图

图 2-9　K3＋640～K3＋960 区段二极装置电阻率剖面

测线 2 位于枣木高速公路北侧、测线 1 北侧 30 m，与测线 1 平行。分布区间为 K3＋750～K3＋905，该测线采用高密度电阻率法进行探测，探测结果如图 2-10 所示。受地表条件限制，测线布设较短。实际测量时，由大桩号向小桩号方向测量。经和钻孔资料对比，实际深度应为显示深度的 2 倍。

从反演解译结果中可以看到采空区表现为高阻特征，在测线 2 的 K3＋865～K3＋835 区段、K3＋820～K3＋795 区段存在高阻分布区推断为采空影响区的反映。

测线 3 位于枣木高速公路南侧 K3＋470～K3＋950 区段坡脚位置。该测线采用 WENNER 装置高密度电阻率法进行探测，探测结果如图 2-11 和图 2-12 所示。为了便于不同剖面间的资料比对，两图中 K3＋630～K3＋790 区段重复测量。实际测量时，由大桩号向小桩号方向测量。

从反演解译结果中可以看到采空变形区表现为高阻特征，在测线 3 的 K3＋

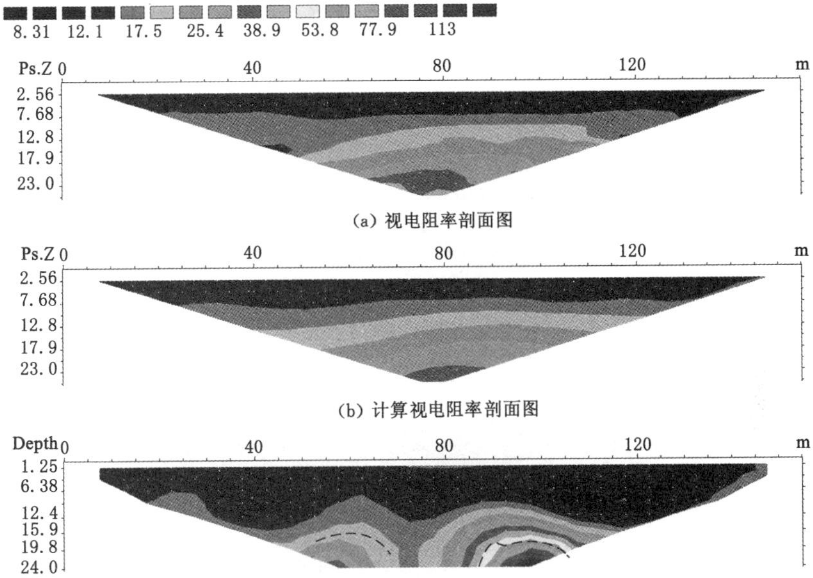

(a) 视电阻率剖面图

(b) 计算视电阻率剖面图

(c) 解译剖面图

图 2-10　测线 2 K3＋905～K3＋750 区段电阻率映像

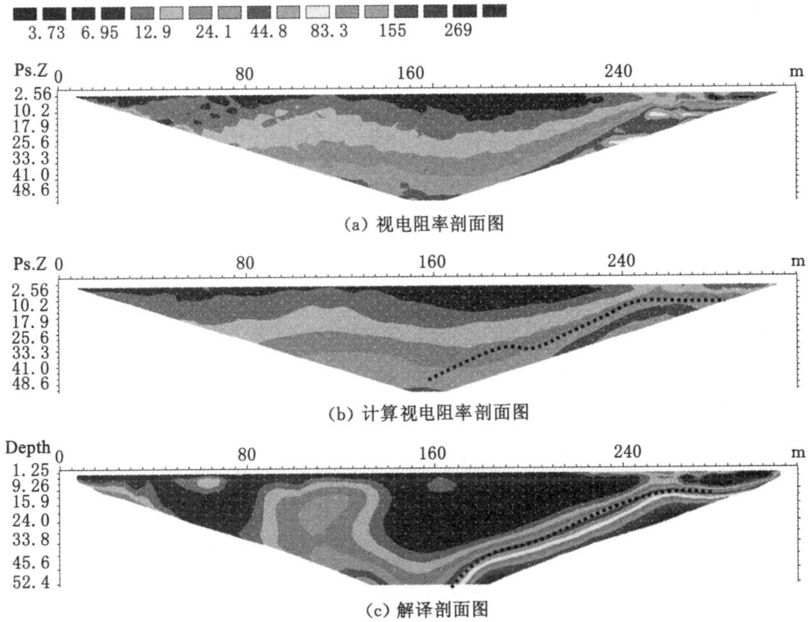

(a) 视电阻率剖面图

(b) 计算视电阻率剖面图

(c) 解译剖面图

图 2-11　测线 3 K3＋950～K3＋630 区段电阻率映像

650～K3＋780 区段分布。由于电剖面反映深度较浅，没有看到采空区的电异常反映。

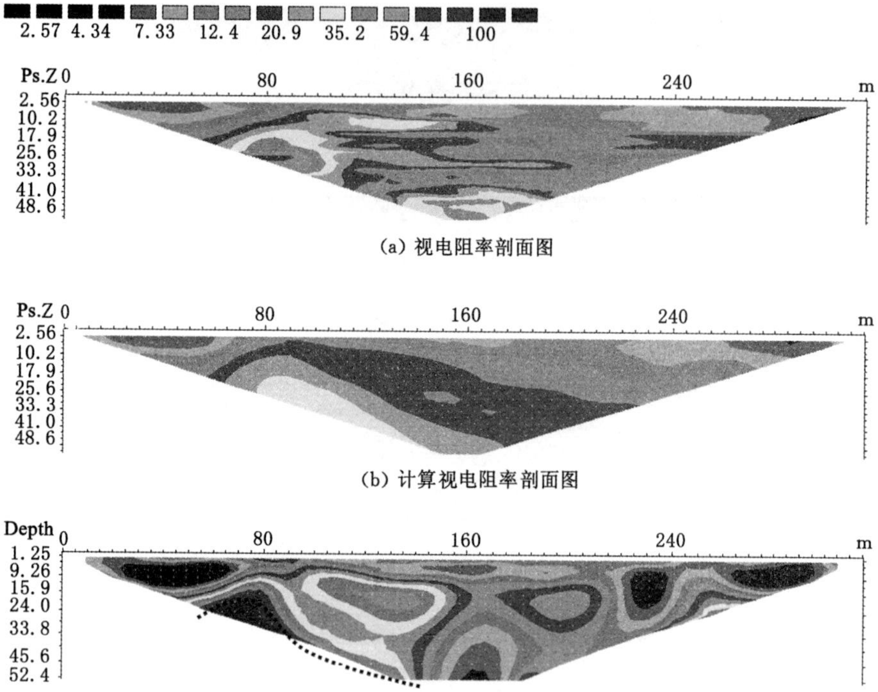

(a) 视电阻率剖面图

(b) 计算视电阻率剖面图

(c) 解译剖面图

图 2-12　测线 3 K3＋790～K3＋470 区段电阻率映像

如图 2-13 和图 2-14 所示，在相应两区段的二极装置的实测剖面图上，采空变形区同样表现为高阻特征，虽然勘探深度增加，但并没有采空区分布的明显异常特征。这可能与采空区被塌落的岩石充填有关。

通过高密度电阻率法测得高速公路下伏采空区大概位置区段为：测线 1 位置，K3＋640～K3＋760 区段、K3＋820～K3＋900 区段；测线 2 位置 K3＋865～K3＋835 区段；测线 3 位置 K3＋650～K3＋780、K3＋795～K3＋820 区段。根据所掌握资料中采空区的采厚、埋深、倾角以及所探测位置便可推断出采空区沉陷对地表影响范围，与对高速公路变形的区段范围为 K3＋480～K4＋280 大体吻合。考虑探测误差以及客观探测条件约束结合经验确定高分辨率地震法探测靶区为 K3＋470～K4＋080，进一步探测采空区位置及形态。

2. 地震法探测

测线布置：如图 2-5 所示，测线 4 布置于北侧路肩位置，区段为 K3＋480～

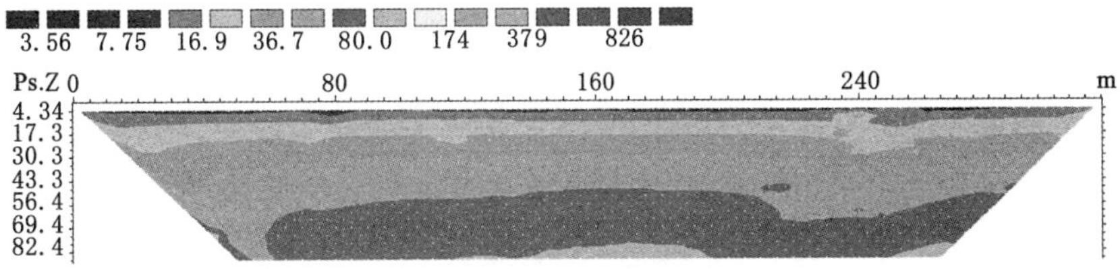

(a) 视电阻率剖面图

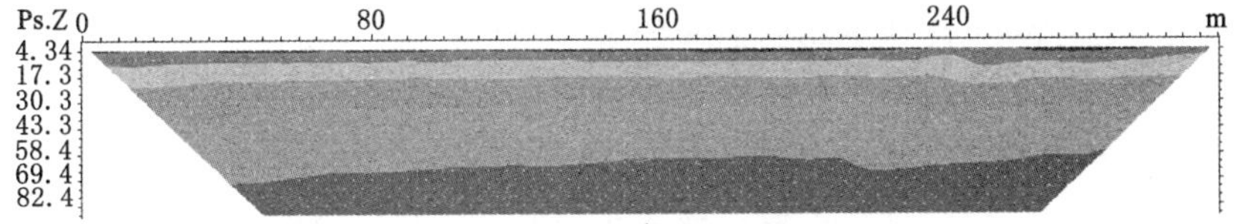

(b) 计算视电阻率剖面图

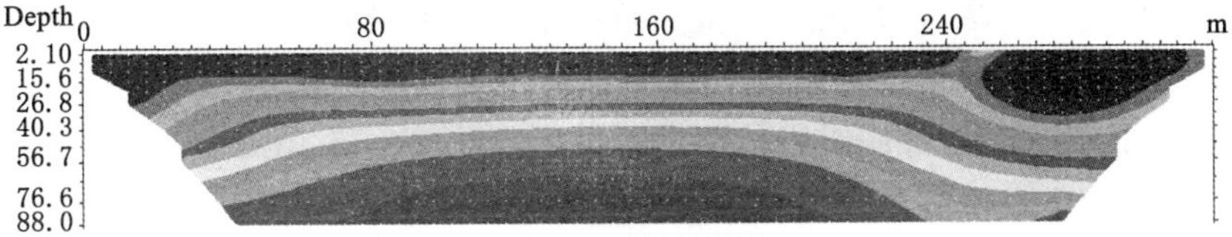

(c) 解译剖面图

图 2-13　K3＋950～K3＋630 区段二极装置电阻率剖面

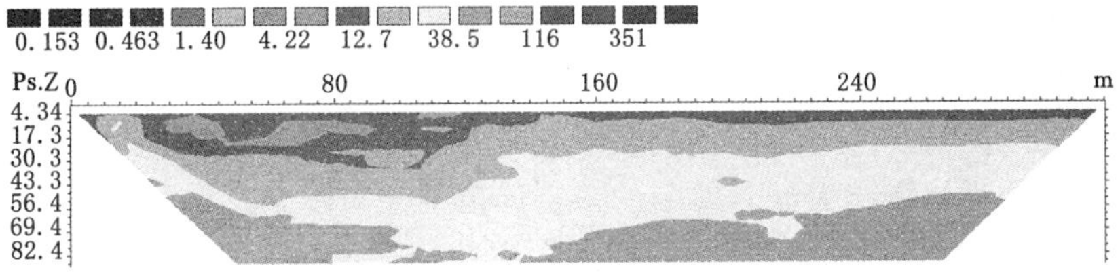

(a) 视电阻率剖面图

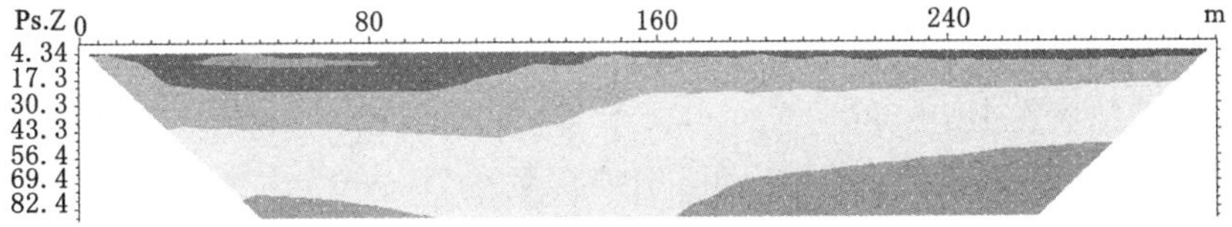

(b) 计算视电阻率剖面图

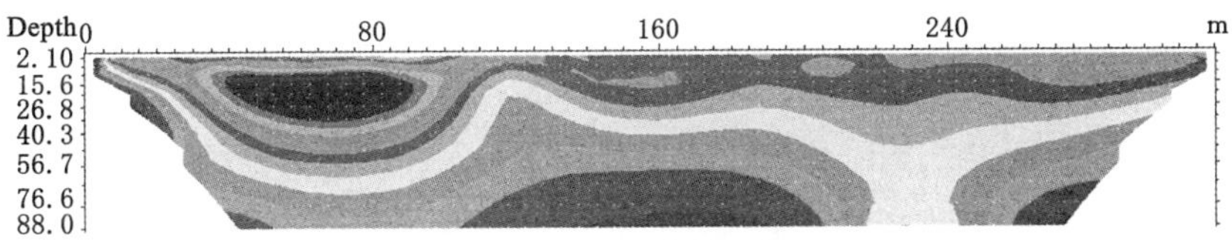

(c) 解译剖面图

图 2-14　K3＋790～K3＋470 区段二极装置电阻率剖面

K4＋080；测线 5 布置于南侧路肩位置，区段为 K3＋470～K4＋070。

探测结果解译：通过地震探测，结合采空区“三带”与反射波的特征表现做出解译。弯曲带内反射波同相轴连续；采空区边界与原状土层相互影响或裂隙带因裂隙的存在会造成同相轴错断；垮落带处岩体的破碎会使反射波能量衰减，且会导致反射波产生同相轴紊乱；较大规模没有被充填的采空区，其顶板、底板界面会成为产生强反射的界面，也会导致多次层间反射[63]。

测线 4 位于枣木高速公路路面北侧 K3＋480～K4＋080 区段路肩位置，本测线采用高分辨率地震声呐方法进行探测。受地表测试条件限定，整个工作在枣木高速公路路面上方开展，测试结果如图 2-15 所示。第四纪沉积层中存在的多套沉积层，风化岩层，基岩面反射特征非常明显。基岩面以下区域地震反射波表现为能量逐渐消减，这是由于大量裂隙甚至是空洞的存在使地震反射波能量迅速消减所致。根据地震反射波特征结合前述电法所探测的结果进行综合分析，对采空区及“三带”界限进行了确定。

测线 5 位于枣木高速公路路面南侧 K3＋470～K4＋070 区段路肩位置，本测线采用高分辨率地震声呐方法进行探测。受地表测试条件限定，整个工作在枣木高速公路路面上方开展，测试结果如图 2-16 所示。地震映像图中第四纪覆盖层中存在的多套沉积层，风化岩层，基岩面反射特征明显。基岩面以下地震反射波能量相对减弱。同样根据确定的不同采空变形区的反射波特征对各个变形区界限进行了确定。

由高分辨率地震测试确定的物探地质剖面图如图 2-17 和图 2-18 所示。结果表明：对高速公路产生显著影响的采空区范围分布于公路中轴线南北两侧 30 m 范围内，K3＋580～K3＋830 区段，深度在 75～90 m 之间；由采空区与垮落带尺寸对应关系，可推断采空区的空间高度在 3～8 m 之间。

3. 探测结论

(1) 采空区在 K3＋580～K3＋830 里程区段，以枣木高速公路为中轴线的南北两侧 50 m 范围内广泛分布，主要分布深度在 75～90 m 之间。

(2) 采空区物探异常特性极为明显。根据变形区所表现出的特性表明采空区已发生初步变形。根据采空区与垮落带变形特点及其对应关系，推断采空区分布厚度在 3～8 m 之间。

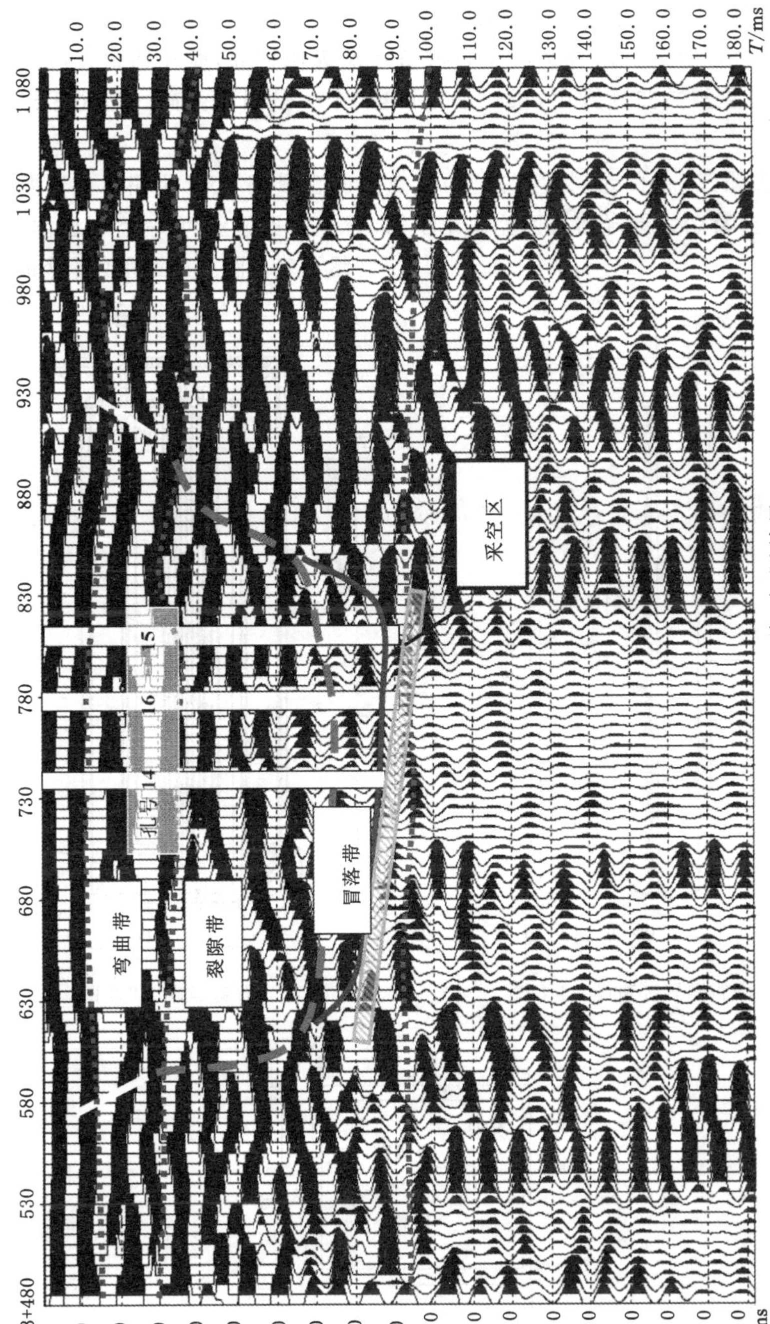

图 2-15　测线 4 探测结果

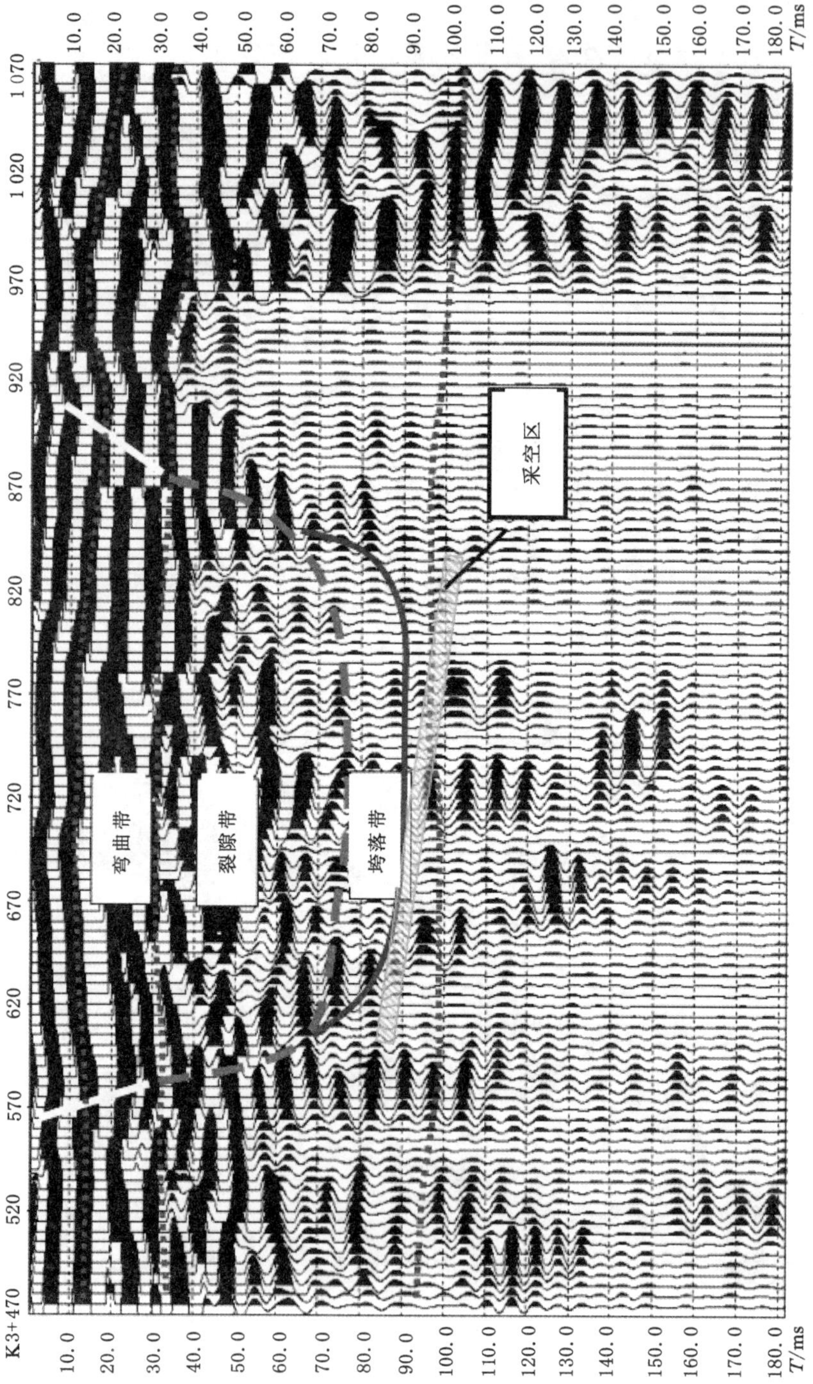

图 2-16 测线5探测结果

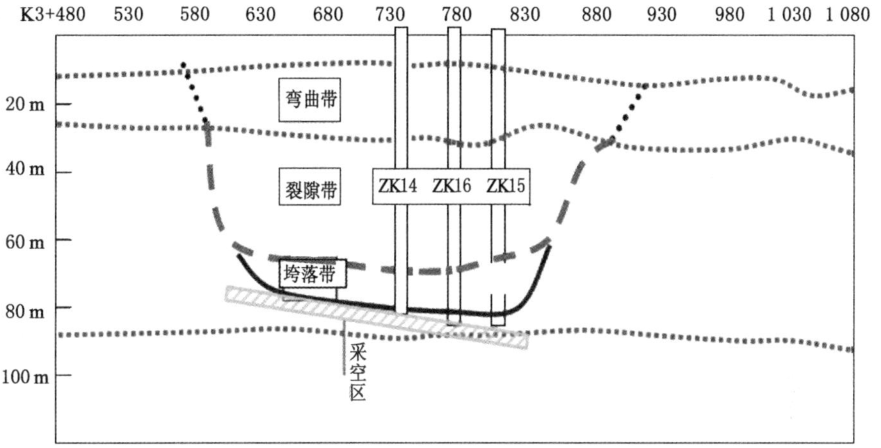

图 2-17　测线 4 采空区剖面

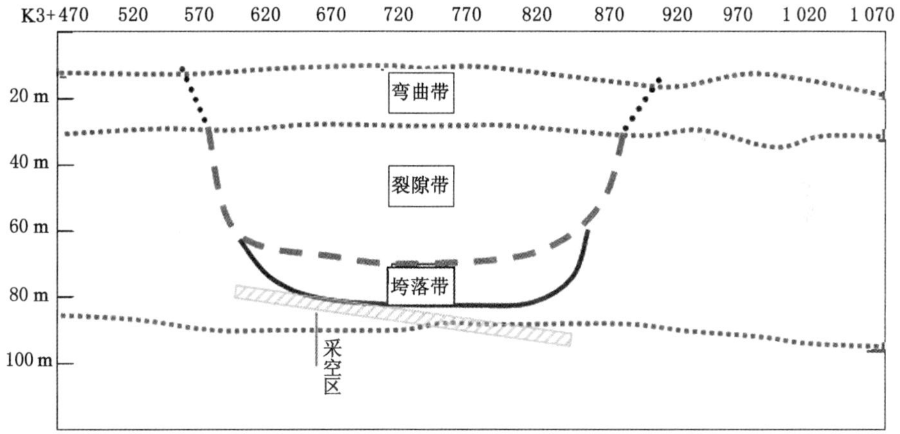

图 2-18　测线 5 采空区剖面

2.3.4　采空区探测结果验证

1. 特征钻孔

为了进一步验证探测的准确性，选取 K3＋580～K3＋830 区段内 14#、15#、16# 为特征钻孔，因为这三个钻孔最为接近地表高速公路边形最大处，且接近初步确定的采空区下边界位置，加深钻孔直至钻入采空区为止。16# 钻孔具体地层分布及岩芯分析如下(其他钻孔资料如图 2-19 所示)：① 杂填土：棕褐色，湿，松散状态，以小砂砾和黏土为主，层底深度 0.17 m，层厚 0.7 m。② 亚黏土：棕褐色，湿，软塑状态，切面呈现光滑，韧性中等，黏性一般，手搓成条，含小砂砾，见铁锰浸染，层低深度 2.1 m，层厚 1.8 m。$②_1$ 含黏土质粉细砂：棕色，浅棕黄色，湿，松散状态，粉砂质重，含黏土，局部手搓成条，细颗粒，层底深度 4.0 m，层厚 1.5 m。$②_2$ 亚黏土：棕黄夹灰绿色，湿，介于软～硬塑状态之间，切面光滑，韧性中等，黏性一般，手搓成条，含小砂砾，见铁锰质浸染，层底深度 8.2 m，层厚 4.2 m。$③_1$ 残积土：浅黄色，湿，硬塑状态，风化强烈，呈土状，原岩结构构造不清，层底深度 9.4 m，层厚 1.2 m。$③_2$ 全～强风化泥岩：棕黄色，棕褐色，风化强烈原岩结构构造不清，岩芯呈小碎块状，层底深度 12.2 m，层厚 2.8 m。$③_3$ 全～强风化砂岩：红褐色，风化强烈，原岩构造不清，岩芯多呈碎块状，胶结弱，手掰易碎，层底深度 15.5 m，层厚 3.30 m。④ 强风化泥岩、砂岩互层：强风化泥岩呈棕黄色、灰黄色，风化强烈取芯率低，RQD 为 25%～30%，多呈碎块状、柱状；强风化砂岩棕黄色，取芯率约为 50%左右，RQD 约为 40%，局部呈短柱状、碎块状。层底深度 38.5 m，层厚 23 m。⑤ 弱风化粉砂岩：棕灰色，取芯率低，为 20%～30%，岩芯多破碎，呈短柱状、碎块状、锤击易碎，层底深度 43.0 m，层厚 4.5 m。$⑤_1$ 弱风化泥岩：浅灰色，取芯率约为 45%，RQD 约为 13%，岩芯多呈短柱状、碎块状，个别柱长 15～20 cm，锤击易碎，层深 52.0 m，层厚 9.0 m。⑥ 弱～微风化粉砂岩：棕灰色、青灰色，取芯率为 60%左右，RQD 为 50%左右，岩芯多呈柱状，锤击易碎，局部夹煤薄层，且局部有炭化，层底深度 68.6 m，层厚 16.6 m。⑦ 弱风化中细砂岩：棕灰色、青灰色，取芯率约为 60%，RQD 为 30%～35%，岩芯多呈柱状，锤击不易碎，层底深度 80.0 m，层厚 11.4 m。$⑦_1$ 弱风化煤矸石层：灰黑色，取芯率低，RQD<10%，岩芯多破碎，呈碎块状，锤击易碎，层底深度 84 m，层厚 4 m。⑧ 采空区：从 84 m 处开始掉钻，用钻杆探测厚度为 3 m，已被地下水充填。

经分析 14#、15#、16# 钻孔资料及相关试验得知，30 m 深度内主要构成为第四纪沉积物和强风化泥岩、砂岩构成，其单轴饱和极限抗压强度小于 0.25 MPa，软化系数小于 0.16，具有显著水理弱化作用，且具有一定膨胀性和相对隔水性，30～80 m 主要为弱风化粉、砂岩，成碎块状，其中 30～60 m 取芯率平均在 50%左右，RQD 平均在 40%左右，60～80 m 之间岩体破碎严重，节理裂隙发育，取芯率极低，RQD 平均在 30%以下。73.2～80 m 左右以下见弱风化煤矸石层，岩芯呈短柱碎块状，锤击易碎，78 m 后开始出现掉钻现象，用钻杆探测厚度约为 3～5 m，且已被地下水充填。

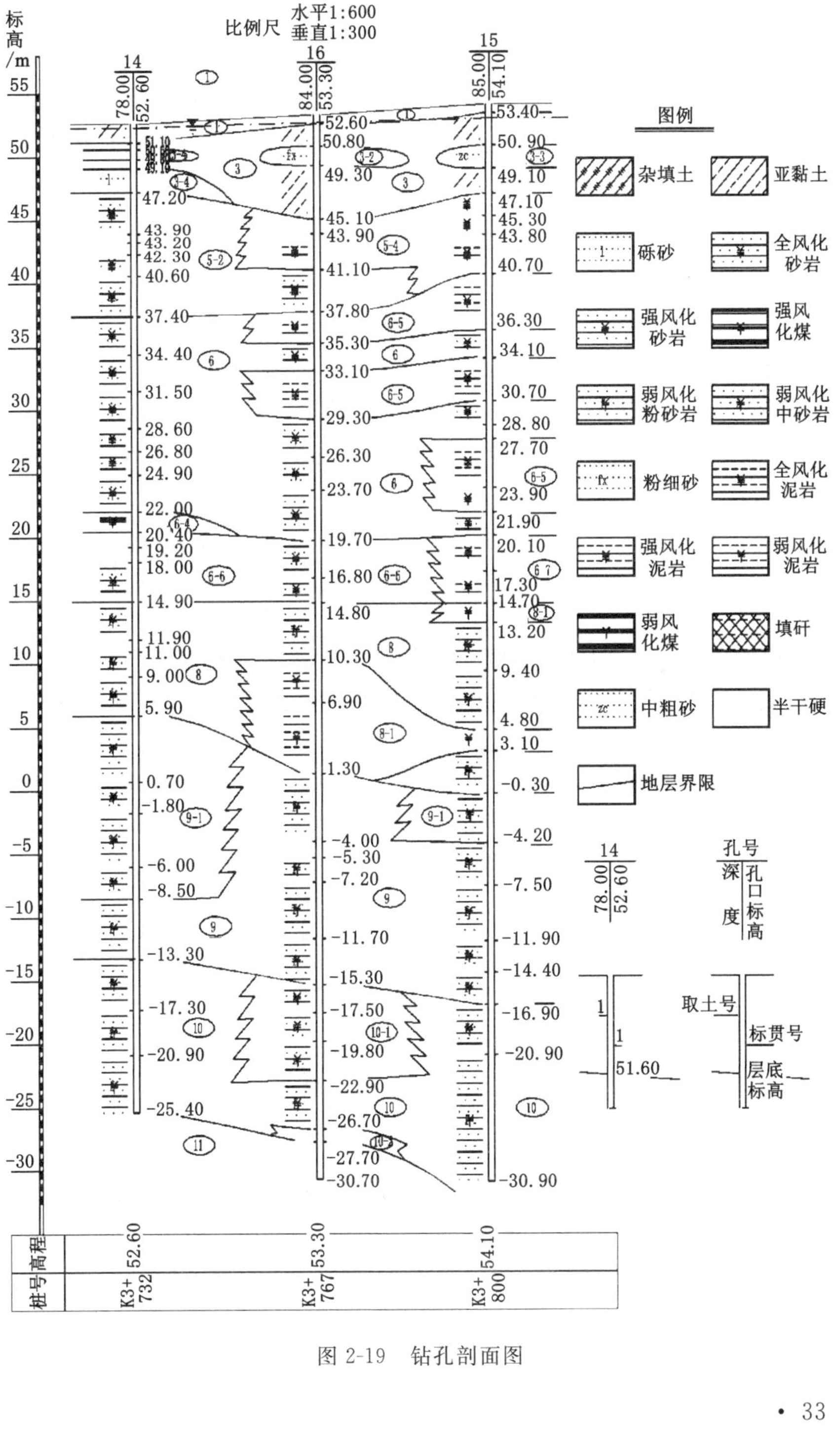

标高/m
比例尺 水平1:600 垂直1:300
图例
杂填土
亚黏土
砾砂
全风化砂岩
强风化砂岩
强风化煤
弱风化粉砂岩
弱风化中砂岩
粉细砂
全风化泥岩
强风化泥岩
弱风化泥岩
弱风化煤
填矸
中粗砂
半干硬
地层界限
孔号
深度
孔口标高
取土号
标贯号
层底标高
桩号高程
K3+732
K3+767
K3+800

图 2-19　钻孔剖面图

如表 2-3 所示，钻孔掉钻深度基本相同，说明采空区经过塌落填埋后形成的空洞没有过大的倾斜角度，且钻杆探测厚度表明采空区处于充填、半充填状态，没有明显的规律性，由于大量贯通的空隙存在地下水充满了采空区，半充填的采空区空洞目前处于平衡状态，且根据钻探质量基本与地质剖面图中所判断的“三带”位置相吻合，其中根据钻孔资料判断裂隙带、垮落带厚度要稍大于高分辨率地震探测判断，可能是因为钻孔取样观测过程中对岩样有不同程度的扰动所致。

表 2-3　钻孔资料

点　号	孔　深/m	钻杆探测厚度/m	掉钻深度/m
14# 钻孔：K3＋732	78.0	3.8	74.0
15# 钻孔：K3＋767	85.0	5.0	80.0
16# 钻孔：K3＋800	84.0	3.0	80.0

2. 声波探测验证

采空区上覆岩层分布的“三带”结构特性不同也导致了三带对于声波反射性不同，据此可以进一步验证“三带”的位置。16# 钻孔波速如图 2-20 所示，相关数据如表 2-4 所示。从声波探测资料中可以确定，整个 16# 钻孔不同深度的岩体

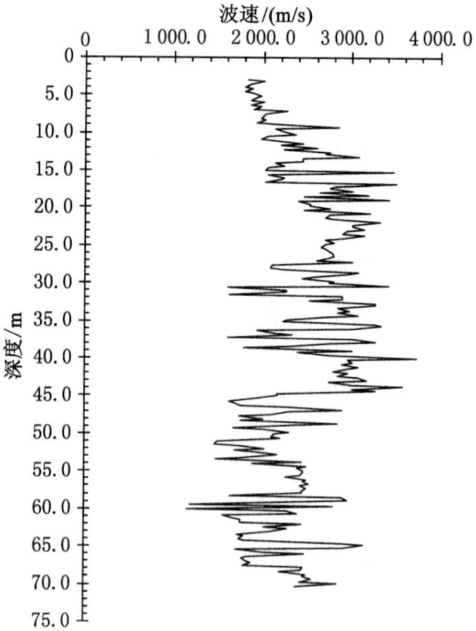

图 2-20　16# 钻孔波速

中声波传播速度相对于正常岩体声波传播速度明显偏小，特别在孔深度 45 m 以下，由于岩体的破碎导致了波速进一步降低。这种破碎的岩土体物理性质与正常岩土区波的反射特性存在明显差别。

表 2-4　声波测试数据

序号	深度/m	时间差/μs	岩体波速/(m/s)	岩体平均波速/(m/s)	岩芯波速/(m/s)	完整系数
1	12.3	89.5	2 234.6			
6	13.8	81.9	2 442.0			
7	14.1	93.6	2 136.8			
11	15.3	87.7	2 280.5			
14	16.2	91.0	2 197.8			
19	17.7	86.3	2 317.5			
23	18.9	88.5	2 259.9			
26	19.8	79.3	2 522.1			
28	20.4	81.5	2 454.0			
36	22.8	83.7	2 389.5			
38	23.4	68.9	2 902.8			
43	24.9	74.1	2 699.1			
45	25.5	74.1	2 699.1			
47	26.1	71.6	2 793.3			
51	27.3	86.3	2 317.5			
55	28.5	75.0	2 666.7			
57	29.1	78.0	2 564.1			
63	30.9	88.4	2 262.4			
64	31.2	88.4	2 262.4			
67	32.1	68.9	2 902.8	2 630.3	3 032.5	0.75
68	32.4	79.3	2 522.1			
69	32.7	81.1	2 466.1			
70	33.0	81.1	2 466.1	2 789.3	3 520.0	0.63
71	33.3	70.2	2 849.0			
72	33.6	67.0	2 985.1			
73	33.9	70.0	2 857.1			

表 2-4(续)

序号	深度/m	时间差/μs	岩体波速/(m/s)	岩体平均波速/(m/s)	岩芯波速/(m/s)	完整系数
74	34.2	85.0	2 352.9	2 309.3	2 733.3	0.71
75	34.5	74.1	2 699.1			
76	34.8	88.4	2 262.4			
77	35.1	89.5	2 234.6	2 309.3	2 733.3	0.71
78	35.4	81.1	2 466.1			
79	35.7	89.8	2 227.2			
80	36.0	86.3	2 317.5	2 183.2	2 666.7	0.67
81	36.3	102.7	1 947.4			
82	36.6	93.6	2 136.8			
83	36.9	85.8	2 331.0			
84	37.2	123.5	1 619.4	2 134.3	2 866.7	0.55
85	37.5	86.3	2 317.5			
86	37.8	81.1	2 466.1			
87	38.1	72.8	2 747.3	2 277.5	2 428.6	0.88
88	38.4	87.1	2 296.2			
89	38.7	111.8	1 788.9			
90	39.0	86.3	2 317.5	2 467.4		
91	39.3	83.2	2 403.8			
92	39.6	72.8	2 747.3			
93	39.9	83.3	2 401.0			
94	40.2	67.6	2 958.6	2 726.3		
95	40.5	86.3	2 317.5			
96	40.8	68.9	2 902.8			
97	41.1	75.0	2 666.7	2 680.4		
98	41.4	77.6	2 577.3			
99	41.7	71.5	2 797.2			
100	42.0	67.6	2 958.6	2 641.8	2 857.1	0.85
101	42.3	70.2	2 849.0			
102	42.6	85.0	2 352.9			
103	42.9	83.1	2 406.7			

表 2-4(续)

序号	深度/m	时间差/μs	岩体波速/(m/s)	岩体平均波速/(m/s)	岩芯波速/(m/s)	完整系数
104	43.2	72.8	2 747.3	2 667.8		
105	43.5	76.3	2 621.2			
106	43.8	75.9	2 635.0			
107	44.1	86.3	2 317.5	2 316.8		
108	44.4	81.1	2 466.1			
109	44.7	92.3	2 166.8			
110	45.0	92.3	2 166.8	1 849.7	2 575.8	0.52
111	45.3	104.0	1 923.1			
112	45.6	122.2	1 636.7			
113	45.9	119.6	1 672.2			
114	46.2	113.1	1 768.3	2 334.0	2 904.7	0.65
115	46.5	85.8	2 331.0			
116	46.8	68.9	2 902.8			
117	47.1	87.1	2 296.2	2 050.6		
118	47.4	94.9	2 107.5			
119	47.7	114.4	1 748.3			
120	48.0	100.1	1 998.0	2 245.6		
121	48.3	113.1	1 768.3			
122	48.6	70.2	2 849.0			
123	48.9	84.5	2 366.9			
124	49.2	119.6	1 672.2	1 997.6		
125	49.5	98.8	2 024.3			
126	49.8	87.1	2 296.2			
127	50.1	93.6	2 136.8	2 147.3	2 645.2	0.66
128	50.4	94.9	2 107.5			
129	50.7	91.0	2 197.8			
130	51.0	132.6	1 508.3	1 686.5		
131	51.3	136.5	1 465.2			
132	51.6	114.4	1 748.3			
133	51.9	98.8	2 024.3			

表 2-4(续)

序号	深度/m	时间差/μs	岩体波速/(m/s)	岩体平均波速/(m/s)	岩芯波速/(m/s)	完整系数
134	52.2	118.3	1 690.6	1 969.6		
135	52.5	97.5	2 051.3			
136	52.8	92.3	2 166.8			
137	53.1	111.8	1 788.9	1904.0	2835.9	0.45
138	53.4	135.3	1 478.2			
139	53.7	81.8	2 445.0			
140	54.0	105.6	1 893.9	2 308.5	2 766.7	0.70
141	54.3	80.3	2 490.7			
142	54.6	83.6	2 392.3			
143	54.9	81.4	2 457.0			
144	55.2	81.4	2 457.0	2 384.7	2 718.8	0.77
145	55.5	82.5	2 424.2			
146	55.8	88.0	2 272.7			
147	56.1	80.3	2 490.7	2 491.0	2 828.1	0.78
148	56.4	81.4	2 457.0			
149	56.7	79.2	2 525.3			
150	57.0	82.5	2 424.2	2 449.7	2 862.2	0.73
151	57.3	80.3	2 490.7			
152	57.6	81.9	2 442.0			
153	57.9	81.9	2 442.0			
154	58.2	121.2	1 650.2	2 503.8	2 916.7	0.74
155	58.5	68.9	2 902.8			
156	58.8	67.6	2 958.6			
157	59.1	85.8	2 331.0	2 106.9	3 296.3	0.41
158	59.4	167.7	1 192.6			
159	59.7	71.5	2 797.2			
160	60.0	172.9	1 156.7	1 848.2	3 148.1	0.34
161	60.3	88.4	2 262.4			
162	60.6	83.2	2 403.8			
163	60.9	127.4	1 569.9			

表 2-4(续)

序号	深度/m	时间差/μs	岩体波速/(m/s)	岩体平均波速/(m/s)	岩芯波速/(m/s)	完整系数
164	61.2	119.6	1 672.2	1 736.3	2 842.1	0.37
165	61.5	113.1	1 768.3			
166	61.8	113.1	1 768.3			
167	62.1	81.9	2 442.0	2 247.2	3 296.3	0.46
168	62.4	98.8	2 024.3			
169	62.7	87.9	2 275.3			
170	63.0	96.2	2 079.0	1 836.2	3 107.1	0.35
171	63.3	115.7	1 728.6			
172	63.6	111.8	1 788.9			
173	63.9	114.4	1 748.3			
174	64.2	111.8	1 788.9	2 468.5	2 958.3	0.70
175	64.5	68.9	2 902.8			
176	64.8	73.7	2 713.7			
177	65.1	68.5	2 919.7	2 209.0	3 473.7	0.40
178	65.4	117.0	1 709.4			
179	65.7	100.1	1 998.0			
180	66.0	80.8	2 475.2	1 978.2	3 300.0	0.36
181	66.3	109.2	1 831.5			
182	66.6	112.5	1 777.8			
183	66.9	109.4	1 828.2			
184	67.2	106.6	1 876.2	2 044.7	3 250.0	0.40
185	67.5	111.8	1 788.9			
186	67.8	81.0	2 469.1			
187	68.1	81.9	2 442.0	2 375.2	3 000.0	0.63
188	68.4	91.2	2 193.0			
189	68.7	80.3	2 490.7			
190	69.0	81.4	2 457.0	2 570.9		
191	69.3	78.2	2 557.5			
192	69.6	82.5	2 424.2			
193	69.9	70.3	2 845.0			
194	70.2	83.9	2 383.8			

注：深度在 32 m 以内的岩层属于表土层，其波速在某些区段基本接近，而且对采空区上方覆岩的稳定性影响不大且稳定，因此部分数据采取了省略处理。

声波探测资料处理工作主要是计算岩体和岩芯的等效波速。钻孔波速测试采用一发双收探头,两接收探头间的岩体波速为:

$$v=\frac{\Delta l}{t_1-t_2} \tag{2-1}$$

式中 Δl——两接收探头间的间距,m;

t_1——接收探头 1 的纵波初至时间,s;

t_2——接收探头 2 的纵波初至时间,s。

岩芯波速为:

$$v=\frac{l}{t} \tag{2-2}$$

式中 l——岩芯长度,m;

t——纵波的初至时间,s。

岩芯的完整系数为:

$$K_{\mathrm{v}}=\left(\frac{v_{\mathrm{yt}}}{v_{\mathrm{yx}}}\right)^2 \tag{2-3}$$

式中 v_{yt}——岩体波速,m/s;

v_{yx}——岩芯波速,m/s。

3. 钻孔电视成像验证

如 $15^{\#}$ 钻孔图 2-21(a)和(b)所示,探头进入钻孔 20 m 孔壁明显粗糙、凹凸不平,岩体风化严重,深入到 50 m 处钻孔孔壁较为平滑,但可见有较为发育的裂隙,逐渐深入,可见裂隙带钻孔图像较为破碎,孔壁凹凸不平,图 2-21(c)显示钻孔壁有岩体塌落形成的空洞,说明已经到达破碎带即将接近采空区,而此时在探头光线的照射下,隐约可见渗透的地下水,由于裂隙带孔隙发育,地下水充满了钻孔。如图 2-21(d)所示,钻孔探头已经深入地下水位以下,由于扰动导致水浑浊,虽然光线较强也难以看清实际情况。静止约 1 h 以后探头继续下潜发现已经没有钻孔圆孔形态,伴随着是清晰可见的分界线,经判断该分界线应该是采空区顶板与两帮的分界线,如图 2-21(e)所示。观察探头其他角度发现巷道有较多坍塌,被碎石半充填,地下水充满了整个采空区,视野不是很清晰,如图 2-21(f)所示。到标高处则无法继续下潜,达到钻孔深度。钻孔电视成像视频的截图清晰地记录了钻孔钻入采空区过程中,验证结果表明采空区塌陷严重,处于半充填状态,且充满了地下水,岩层形态变化范围与物探结论相吻合。

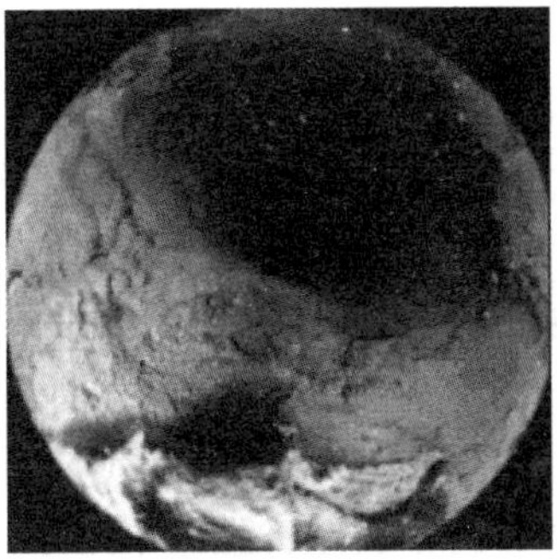

(a) 深度20 m

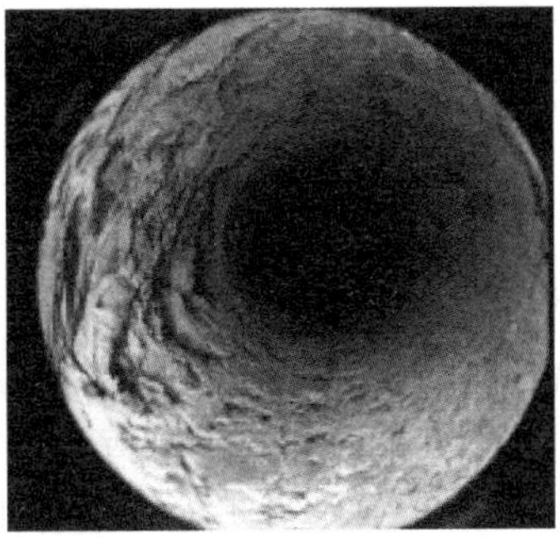

(b) 深度50 m

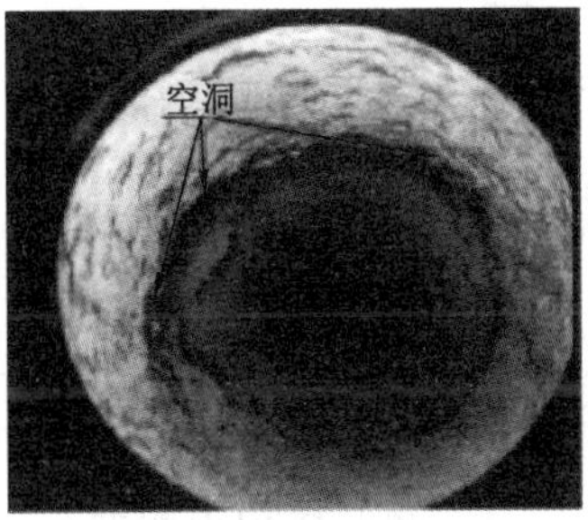

(c) 深度70 m

(d) 采空区水中探头

(e) 采空区

(f) 采空区内部坍塌

图 2-21　15# 钻孔电视成像

2.4　探测验证结论

由特征位置深部钻孔资料、声波探测及电视成像技术验证得知，采空区处于碎石充填半充填状态，其充满了地下水，采空区内部局部仍具有明显的巷道特征，说明采空区具有相当长时间的稳定性，但由于扰动很可能会导致采空区的二次活化，尤其是再次私挖滥采导致充满采空区地下水突然流走排空将对地表高速公路产生灾难性的危害。经验证，电阻率法及高分辨率地震法得到的探测结论较为准确，但垮落带、裂隙带及采空区高度确定略有出入。采用误差平均分配的方式进行修正，将验证技术确定的尺寸取均值，再将物探与验证结果取均值，最终确定地下开采垮落带高度为 16.33 m 左右，裂隙带的高度为 54.98 m 左右，老采空区高度为 4.5 m 左右。

2.5 本章小结

（1）经过对枣木高速公路具体情况进行分析，无论是处于近期高速公路行车安全，还是后期拟建公铁立交，均需对该区域范围内采空区稳定性进行研究评价，为后期治理提供科学依据。

（2）建立了采空区探测验证体系。选用高密度电阻率法布置测线进行探测，采用特征位置钻孔取样、钻孔内声波探测及钻孔电视成像技术进行验证及修正，最终确定高速公路下伏采空区位置及状态。

（3）针对枣木高速公路下伏采空区进行了具体探测，结果表明采空区在 K3＋580～K3＋830 里程区段，以枣木高速公路为中轴线的南北两侧 50 m 范围内广泛分布，主要分布深度在 75～90 m 之间，最终确定地下开采垮落带高度为 16.33 m 左右，裂隙带的高度为 54.98 m 左右，老采空区高度为 4.5 m 左右。

第 3 章　高速公路下伏采空区原位监测分析

高速公路下伏采空区的沉陷变形有可能是突发的,也可能是一个长期隐蔽的过程,考虑高速公路安全,对其下伏采空区变形进行长期原位监测十分必要,尤其是重要的或地质条件差的位置要布置一些监测仪器来长时间的观测。原位位移监测仪器在大坝、边坡工程中应用居多[64-65],而在采空区沉陷监测中却很少见。要准确取得实际性的监测数据,从而了解高速公路是否安全运行。监测仪器的布置和埋设起着举足轻重的作用。下面就枣木高速公路下伏采空区沉陷路段多点变位计的布置和埋设进行分析探讨。由采空区探测验证体系确定采空区具体位置及充填状态,初步对采空区的稳定性进行评价,并针对高速公路下伏采空区特殊性,选用合理监测设备对采空区上覆岩层位移进行长期监测。

3.1　监测仪器构成原理

在采空区位移原位监测中,监测仪器和手段越发精密、自动化,而监测系统本身维护费用也越高,维护周期短,成本也大,具体工程适用不同的监测方案和设备。如图 3-1 所示,VWM 变位计主要应用水工结构物或者混凝土建筑物的长期变形监测,将其应用到高速公路下伏采空区的沉陷变形观测较为少见,因此根据工程特点,对该监测仪器进行改进,以降低成本、增加其适用性。主要开展

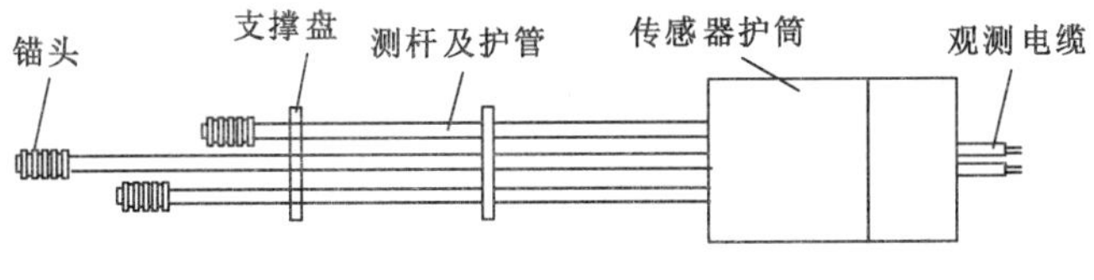

图 3-1　VWM 变位计原结构

的工作就是用标尺代替原来的数字电子仪表，针对采空区沉陷变形大的特点订制更大的量程标尺。

将 VWM 变位计应用到采空区沉陷的变形观测的实例在现阶段还是比较少的，所以需要按工程实际要求来订制变位计，代替数字电子仪表用标尺，并且订制了更大的量程，相关参数如表 3-1 所示。

表 3-1　变位计参数

测量范围/m	精度/mm	测点数/个
0～3	1	6

订制后的变位计由井架、标尺、不锈钢测杆及护管、锚头等组成。

对于采空区上覆关键岩层的竖向位移监测仪器，市场上该类仪器往往只是应用于大坝位移监测而采用电子仪表作为仪器的测量读数装置，该类装置具有测量精确但量程较小且长期维护困难费用高的特点。本实用新型仪器采用简单测量装置替代原有电子仪表，测量范围最大为 3 m，精度 1 mm。订制后的变位计测量装置主要由标尺、井架、测量杆等组成，如图 3-2 所示。

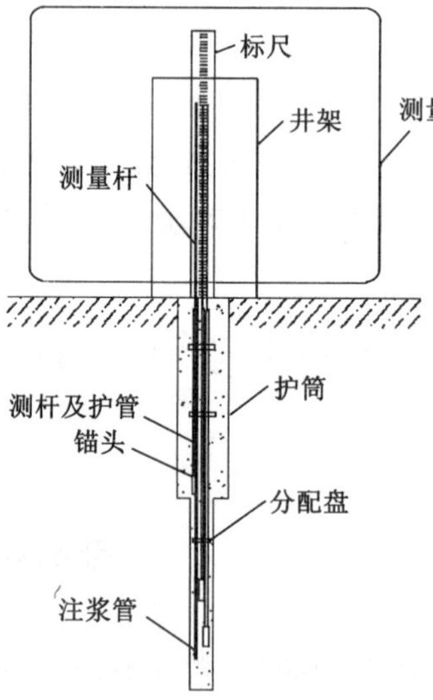

图 3-2　监测仪器

具体技术方案：在需要监测位置进行钻孔，将金属锚头放置关键层位置并浇筑混凝土，金属锚头由金属杆链接，金属杆由 PVC 管保护，金属杆伸出地面作为测量杆，将其固定好后设立井架并架设观测标尺。若锚头关键层发生沉降会下拉锚头仪器下降，此时地表测量杆相对于标尺有相对位移，由此可以测出关键层下沉值。锚头可以是一个，也可以是一组，由观测的关键层位置和数量确定。

与现有技术相比，该方案具有的优点是：读数装置构造简单，工程造价显著降低，后期维护容易；可定做更大量程，适用于采空区上覆岩层大位移监测。

测量装置如图 3-3～图 3-5 所示。

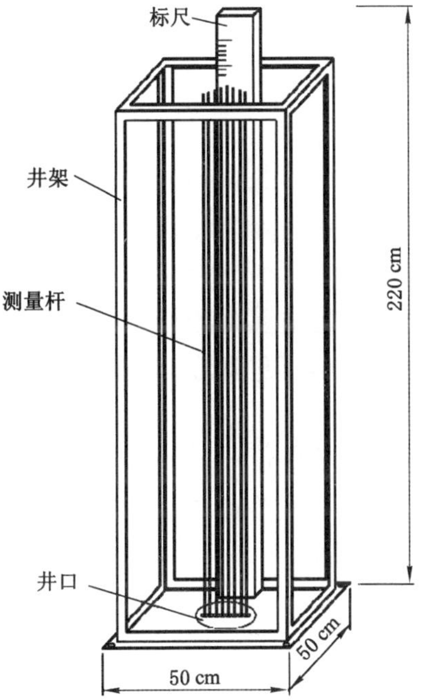

图 3-3　测量装置

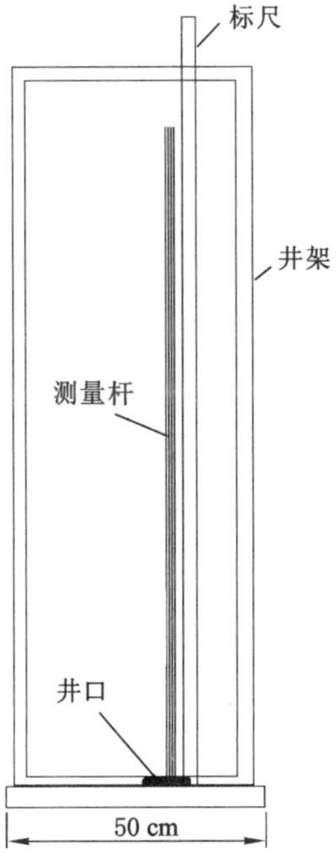

图 3-4　测量装置侧视图

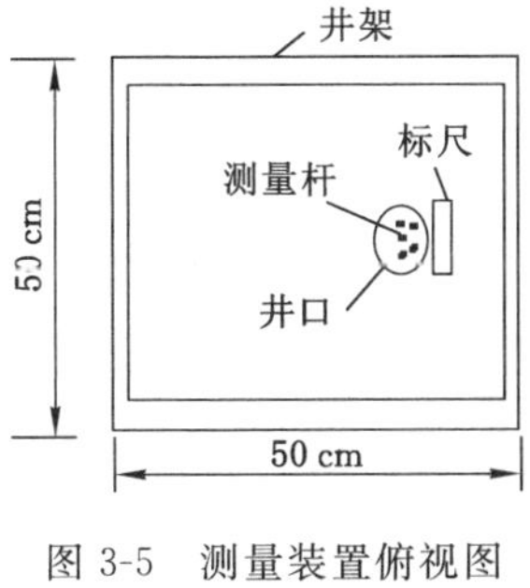

图 3-5　测量装置俯视图

具体实施方式：首先钻孔，将测量杆与金属锚头连接后，穿入护管，将其放入井口处。将钻孔灌入混凝土砂浆，待凝固后在孔口立起井架用于保护测量杆并架设标尺。定期记录不同标号测量杆在标尺的位置，不同号锚头对应不同关键岩层，当某关键层发生竖向位移，则对应标号测量杆会产生位移，由此实施长期监测。

3.2 监测仪器工作原理

3.2.1 位移监测计算方法

$$\Delta L_{ij} = L_{ij} - L_0 \tag{3-1}$$

式中 ΔL_{ij}——第 i 层锚头对应的测杆第 j 天相对井口的位移，m；

L_{ij}——第 i 层锚头对应测杆第 j 天位移标度值，m；

L_0——混凝土凝固后在标尺上标记的初始值（便于记录将各锚头对应的测杆初始值标记相同），m。

此时计算出的井口标尺位移值即为对应锚头位移值，也就是对应关键层位移值。以上均为相对位移，要确定各层绝对位移，就要选择合适的井口基准点，加上基准点的下沉量得出最终绝对下沉量。第 i 层锚头对应的测杆第 j 天相对井口的位移可以表示为：

$$\Delta l_{ij} = \Delta L_{ij} + \Delta L'_j \tag{3-2}$$

式中 Δl_{ij}——第 i 层锚头对应的测杆第 j 天的绝对位移，m；

$\Delta L'_j$——井口基准点 j 天的下沉量，m。

其中，用来测定基准点的固定点的选取尤为重要，该点可以认为不发生沉降。

3.2.2 下沉量 $\Delta L'_j$ 的测定

首先假定固定点标高，然后通过水准仪测定基准点标高，设此刻测定为 a，若下次测量为 b，那么此刻水准点下沉值为 $a-b$。每隔 15 d 测量一回基准点下沉值，每回至少要测量次。如果两次测量相差 3 mm 以内，则取其平均值即可，如果相差大于该值，则需要再次进行测量，直至达到要求精度为止，这个精度要根据实际工程的要求确定。

3.3 采空区上覆岩层位移监测

3.3.1 监测概况

根据探测验证所确定的枣木高速公路下伏采空区位置及充填状态。采空区在 K3＋580～K3＋830 里程区段，以枣木高速公路为中轴线的南北两侧 50 m 范围内广泛分布，主要分布深度在 75～90 m 之间，处于充填半充填状态，考虑表沉陷变形特点，受局部地形条件的限制，在高速公路扭曲最严重标段 K3＋680～K4＋080 区段内布设 4 个测点进行原位监测，具体设置测点 1 在 13# 号钻孔内（K3＋884，距坡脚 10 m 处）、测点 2 在 14# 号钻孔（K3＋732，距坡脚 20 m 处）、测点 3 在 15# 号钻孔内（K3＋767，距坡脚 20 m 处）、测点 4 在 16# 号钻孔内（K3＋800，距坡脚 20 m 处），测点布置平面位置如图 3-6 所示。

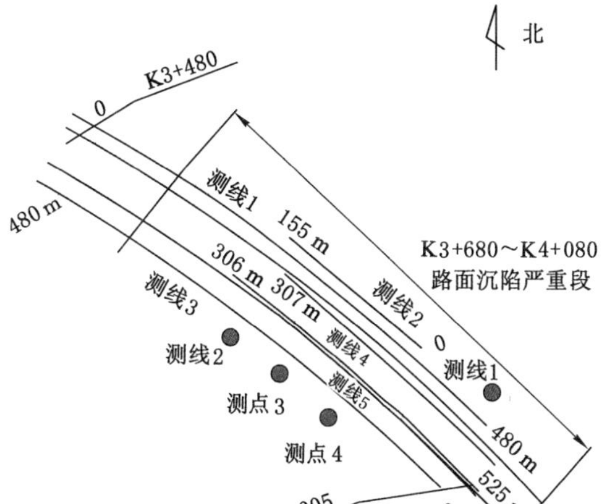

图 3-6　平面布置

3.3.2 监测仪器的埋设

1. 前期准备工作

以 16# 钻孔为例，埋设前应将所有仪器进行编号、存档。方法是每套多点变位计编一个组号，每组内每支传感器按顺序编号，并在仪器引出测量杆末端用标签标记。

2. 仪器组装

在现场找一块长度足够平整的地面，按要求将锚头、测杆及护管连接好。仪器组装好后，将注浆管绑在比最深的锚头长出 1.5 m 的位置，并在管头钻些孔，便于出浆。

3. 安装埋设变位计

多点变位计的埋设深度涉及采空区沉陷信息的捕获和技术经济间的辩证关系。如果孔过浅，可能测量不到全部信息，如果过深不但会增加测试工程投资，同时在打孔技术和埋设技术都难以过关。如果埋设到采空区内，则更难实现[66]，所以综合考虑来进行以下步骤的安装。

造孔：该项工程将变位计安装在钻孔内，位置为 K3＋767 处，标高为 53.30 m，该钻孔深 84 m，距孔口 50 m 直径为 108 mm，余下 34 m 直径为 90 mm，已经钻完 2 个多月。安装前要清孔、封底，以免在安装变位计注浆时发生跑浆。

封底：采空区中安装变位计和在其他地方安装还有不同的地方就是封底，如果封得不好，很可能注浆进入采空区，浪费大量材料，致使安装失败。在清孔的过程中，由于一些碎石的下落，致使清孔后孔深为 82.5 m。根据钻探结果分析 81 m 以下为采空区，所以设计长 3.5 m、直径为 89 mm 的钢管进行封底，中间设置重锤如图 3-7 所示。

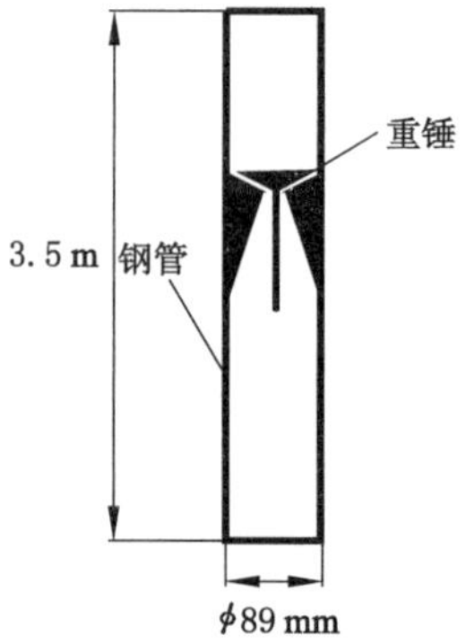

图 3-7　封底钢管

重锤的作用有两个：在该钢管下放时，可以顺利排出孔内的水，减少阻力；当钢管放置到孔底时，重锤由于重力作用可以顺利封住孔底，以免跑浆，封底后的深度为 79 m。

锚头位置的确定：根据钻孔柱状图、岩芯取样、RQD 等综合分析，选取物理力学性质较好的岩层来锚固锚头，所以确定锚头锚深分别为 8 m、18 m、30 m、50 m、66 m、75 m。这些位置均为地下岩层的关键层，他们的相对和绝对位移很有代表性，其位移数据对沉降分析有至关重要的作用。若锚头锚在了软弱夹层上，很可能测出的是小范围的局部变形，这样的数据对结果分析会产生不良影响。

4. 注浆

将安装好的仪器逐渐送入孔中，开始注浆。砂浆采用砂子粒度小于 1 mm 的清洁细砂与 500# 水泥，按水灰比 0.5：1 配制而成。注浆过程中孔内会不断有空气排出，当孔中开始回浆时表明注浆已满。

5. 清场

待砂浆初凝后，即剪去外露的注浆管，拆除变位计定位盘，使每只位移计都能自由进退，然后根据需要在拉杆上标记初始位移，为了保护仪器，修建了简易房。

根据勘测资料找准关键层，在关键层上设置锚头位置；封住孔底，避免跑浆；锚头与混凝土连成一体，岩层位移带动传递杆变化，在标尺上准确读取数据；位移变形都在仪器的测量范围之内，否则监测失败。

3.4　监测结果分析

针对枣木高速公路下伏采空区布设 4 个测点，由 10 个月原位监测结果来看，对于独立测点中不同深度锚头相对位移相差较小，说明采空区上覆岩层整体性较好，地表下沉较为明显，为采空区上覆岩层整体下沉所致。

列出 4 个测点的地表下沉监测数据，如图 3-8 所示。观测期间最大累计下沉 18 mm，且各观测点总体下沉趋势大致相同，且并无稳定趋势，平均月下沉 2 mm 左右。结果表明老采空区并非处于长期稳定状态，而是残余变形的延时性突出，虽然监测区域开采沉陷活跃期已经结束，但老采空区仍有缓慢下沉趋

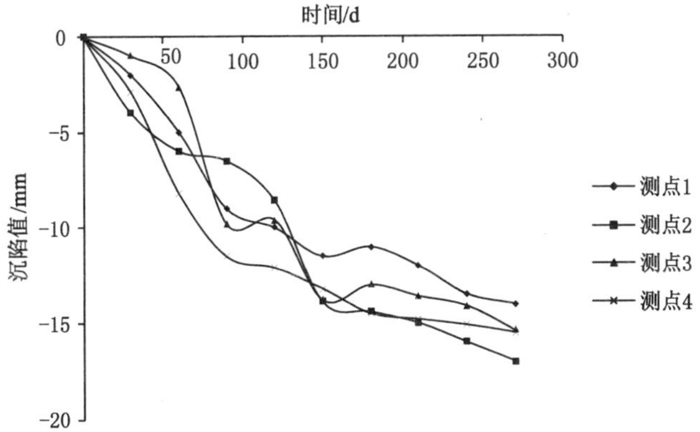

图 3-8　沉陷变形

势。显然半充填的下伏采空区处于蠕变变形状态，随着变形累计增加到一定程度，或是在某施工扰动情况下，该采空区很可能会突然下沉，造成危害性的后果。因此，为了给后续建设提供科学依据，必须对枣木高速公路下伏采空区进行稳定性分析及治理。

3.5 本章小结

(1) 根据采空区实际情况，对传统监测仪器进行改进，依据勘测资料找准关键层，在关键层上设置锚头位置；提出了钢管＋活塞封底技术，有效的封底避免跑浆。

(2) 通过在枣木高速公路下伏采空区监测中进行的实际应用，表明该原位监测仪器对于采空区监测适用性强、效果显著。

(3) 观测期间最大累计下沉 18 mm，且各观测点总体下沉趋势相同，且并无稳定趋势，平均月下沉 2 mm 左右。表明岩层并非处于长期稳定状态，而是逐渐下沉。半充填的下伏采空区处于蠕变变形状态，随着变形累计增加很可能在某一时间点突然下沉，造成危害性的后果，因此必须对枣木高速公路下伏采空区进行稳定性分析及治理。

第 4 章　高速公路下伏采空区变形及稳定时间预测

对高速公路下伏采空区的稳定性评价及治理提供可靠的科学依据，首先必须研究采空区围岩的稳定性机理。

4.1　采空区失稳基本原理及常用分析方法

4.1.1　采空区失稳根本原因

针对采空区失稳原理的研究由来已久，针对失稳特点其研究从假设推理到宏观规律认识，直至围观应力、应变机理性研究。由于目前的理论分析手段、计算机计算能力的发展，针对采空区失稳破坏过程的研究不断深入。

采空区失稳最终大体归结为两个方面：一是采空区围岩的岩石失稳，二是采空区岩体的失稳。不同的采空区结构形式，其偏重的失稳方面各有不同[67]。

1. 岩石强度破坏失稳

大量的变形监测及强度试验结果表明，针对个体岩石的破坏，主要有岩石的脆性破坏和塑性破坏。

脆性破坏指的是坚硬岩石在超过其破坏荷载而表现出的破坏性质。岩石破坏时没有明显征兆，呈现突然性。脆性破坏根据断裂面上受力破坏性质的不同则有脆性拉伸断裂、脆性剪切断裂，图 4-1(a)和图 4-1(b)为断裂面上的拉应力达到其抗拉强度时被拉断，图 4-1(c)则表现为破裂面上的剪切应力达到了岩石自身抗剪强度时被剪断。

塑性破坏指的是岩石在外荷载作用下，岩石没有发生破坏而是变形逐渐增大，表现为明显的塑性变形、挤压变形或流动变形，如图 4-1(d)所示。从微观上讲，塑性变形主要是岩石内部的结晶晶格滑移错位，这种特性在软弱岩石中较为常见。

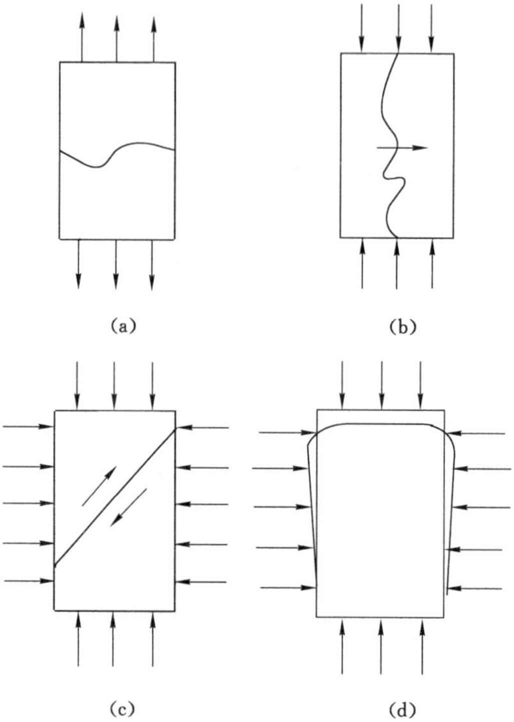

图 4-1　岩石破坏

2. 岩体破坏失稳

可以从两个阶段来描述岩体的破坏特征，第一阶段是岩体与岩体连接的失效导致失稳破坏，例如岩体结构面的裂缝开展、错动滑移，以及结构体拉伸和剪切破坏；第二阶段则为岩体结构的大范围移动，如采空区上方所形成的冒落、片帮、山体边坡滑动失稳等现象。这样的移动有时整体性很强，移动体内部结构甚至是位移很小，相当于巨型岩体结构的整体移动。

岩体破坏从其特征来看也可以分为拉伸破坏和剪切破坏两类。

(1) 岩体拉伸破坏的具体情况主要有：岩体垂直结构面的拉伸破坏、沿着岩体结构面形成的拉伸破坏、完整岩体整体性拉伸破坏[68]。

岩体垂直结构面的拉伸破坏主要是由于结构面处抗拉强度很低，在不连续面处其抗拉强度接近于零，当垂直于该结构面上出现了拉应力，则极易发生拉伸破坏。如采空区条件下，顶板在自重应力作用下发生拉伸破坏，而导致的冒落和离层均属于拉伸破坏。沿着岩体结构面形成的拉伸破坏，则是沿结构面方向上的拉应力作用下所导致。

完整岩体整体性拉伸破坏，主要是岩体三向应力不均衡应力状态所导致。如矿柱的顶部或者底部软弱夹层塑性变形，可导致矿柱产生纵向劈裂。原因就是小主应力方向上产生了拉应变，可以引起岩体沿大主应力方向的张拉破裂[69]。

(2) 岩体剪切破坏表现为沿着岩体结构面的剪切破坏和穿插岩体结构面的剪切破坏。根据图 4-2，研究单组结构面岩体破坏特征[70]。

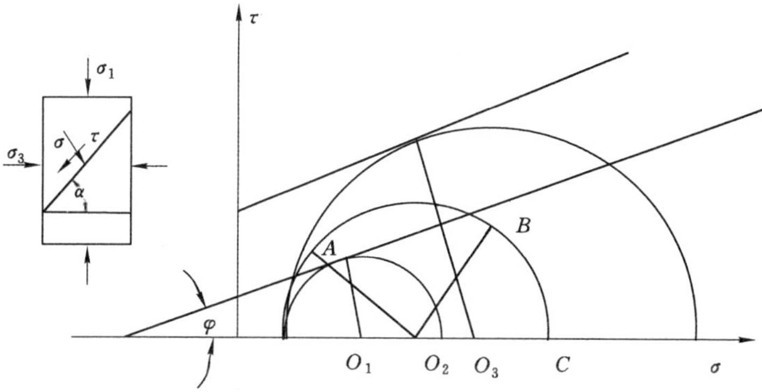

图 4-2　莫尔应力圆

研究岩体中有一结构面，该结构面与第一主应力作用面成 α 角度，结构面和岩石的抗剪强度分别为两条不同的包络线。研究中假设第三主应力不变，研究第一主应力不同时结构面对岩体破坏的影响规律。

分如下三种情况进行研究：

第一种情况：$\sigma_1=\sigma_{1\min}$ 时，莫尔应力圆与结构面抗剪强度包络线相切，岩体将沿着结构面发生剪切破坏。

第二种情况：如果第一主应力变化至第二应力圆状态时，即应力圆与抗剪强度包络线相割，表明岩体也将发生结构面的破坏，此时的破坏时角度 α 要满足的条件为：$(1/2)\angle BO_2C \leqslant \alpha \leqslant (1/2)\angle AO_2C$。

第三种情况：在其他的情况下，岩体不会沿着结构面发生剪切破坏，如果第一主应力增大直至应力圆 3 的状态，即与岩体抗剪强度包络线相切，完整的岩石也达到了破坏强度，岩体则发生穿切结构面的剪切破坏。

如若岩体结构面越多，则岩体沿着结构面破坏的机会也就越多，而达到莫尔应力圆 3 的情况也就越少。涉及岩体破坏及其具体过程则是非常复杂多样的，受到各个因素的影响，比如应力的分布、结构面结构体的性状等因素，具体情况应具体分析。

4.1.2 采空区失稳分析假设

采空区失稳破坏在其上方形成“三带”，其中贴近采空区的为垮落带，顶板冒落方式具有突然性整体一次性冒落(经历时间较短)和一层一层分次冒落(经历时间较长)。当采空区埋深较浅，范围较大时，采空区顶板切落帮壁，影响直达地表，冒顶时间段，地表则表现为纵横交错的裂缝。分层分次冒落则是在采空区顶板形成了稳定拱，暂时保持了采空区稳定性，帮壁四周冒落高度小，中部冒落高度大。

1. 切冒型顶板失稳假设

切冒顶板失稳指顶板变形产生的压力将下支撑的矿柱压坏，导致其失去支撑能力，顶板周围与岩体产生离层拉裂，形成近似简支梁的结构，由于该岩梁截面积减小，剪应力增大，而会突然发生剪切破坏，形成切冒型冒落，如图 4-3 所示。

图 4-3 切冒失稳

2. 拱冒型顶板失稳假设

当开采深度很大时，顶板冒落的岩层为上覆岩层的一部分，或者顶板上覆岩层成层状，每层刚度不同，冒落时先下后上，岩层逐层冒落，冒落前后有一定间隔时间，如图 4-4 所示。

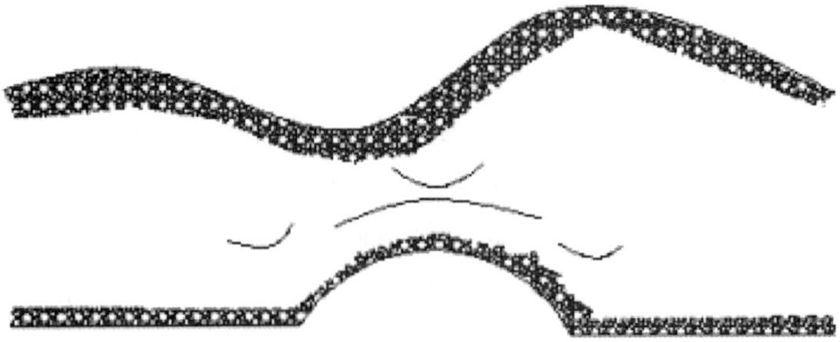

图 4-4 拱冒失稳

该失稳与切冒型失稳类似，失稳顺序略有不同。首先上覆岩层压力导致矿柱变形破坏，周围岩层逐渐被拉断，最后顶板岩梁向下切冒。分析该稳定性机理首要问题是确定矿柱破坏时上覆岩层厚度。

4.2　常用的采空区稳定分析方法

采空区稳定性主要受地质方面因素和非地质方面影响，如地质方面中的工程地质状况、采空区上覆岩层受力特点及水文条件等因素；非地质方面的如开采方式与技术方面因素影响，外界荷载扰动等。若将所掌握的信息全部纳入采空区稳定性评价，则会造成信息臃肿，模型庞大，超复杂的条件限制将导致力学分析无从下手，失去使用价值，若过分简化，又会造成分析不够准确，结果与实际差别太大。怎样通过所掌握的信息，剔除次要因素，掌握关键因素，选择合理方法，准确评价采空区稳定性，尤为重要。

对于采空区稳定性分析，目前来说仍是以经验为主，而理论研究始终处于研究阶段。若仅从经验来进行判断，必然有很强的局限性，从采空区稳定机理来看，理论研究并应用是必然趋势，要达到从经验逐步过渡到理论成熟应用，要经历漫长的过程。本书以枣木高速公路下伏采空区研究为实例，借助于理论计算与数值计算进行深入性规律分析。在此，先介绍目前常用的稳定性分析法。

4.2.1　弹性力学法

该方法是基于弹性理论，把采空区视为圆形空洞，将该问题简化为弹性力学中的一个基本问题，即双向受压无限板孔应力分析问题，如图 4-5 所示。其求解公式如下[71]：

$$
\left.\begin{aligned}
\sigma_r &= \frac{1}{2}(p+q)\left(1-\frac{a^2}{r^2}\right)+\frac{1}{2}(p-q)\left(1-4\frac{a^2}{r^2}+3\frac{a^4}{r^4}\right)\cos 2\theta \\
\sigma_\theta &= \frac{1}{2}(p+q)\left(1+\frac{a^2}{r^2}\right)+\frac{1}{2}(p-q)\left(1+3\frac{a^4}{r^4}\right)\cos 2\theta \\
\tau_{r\theta} &= \frac{1}{2}(p-q)\left(1+2\frac{a^2}{r^2}-3\frac{a^4}{r^4}\right)\cos 2\theta
\end{aligned}\right\} \tag{4-1}
$$

式中　σ_r——围岩径向应力，MPa；

τ_θ——围岩切向应力，MPa；

$\tau_{r\theta}$——围岩剪切应力，MPa；

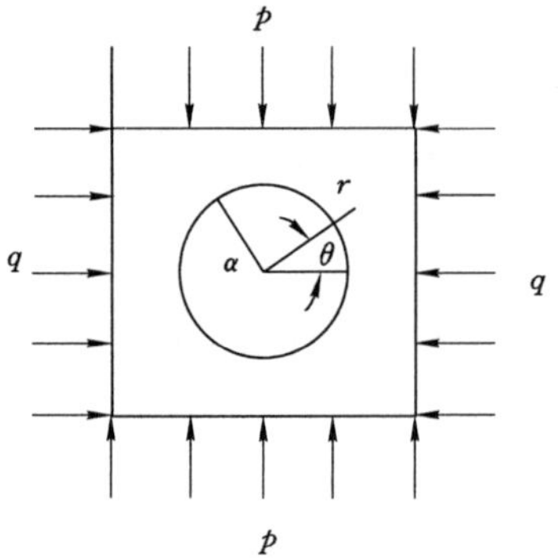

图 4-5　圆孔受力

p——围岩垂向应力，MPa；

q——水平方向应力，MPa；

θ——与水平方向夹角，(°)。

采空区周边取 $r=a$，则有：

$$\left.\begin{aligned}\sigma_\theta &= p(1+2\cos 2\theta)+q(1-2\cos 2\theta)\\ \sigma_r &= \tau_{r\theta}=0\end{aligned}\right\} \tag{4-2}$$

依据该理论还可以推导出椭圆形空洞应力解答，根据其适用条件，可以选用该解答来解决采空区围岩的应力分布问题。根据矩形空洞应力分布特，对于矩形及周边应力极值点可用格里菲斯破坏准则进行判别。

$$R_t=\frac{-(\sigma_1-\sigma_3)^2}{8(\sigma_1+\sigma_3)} \quad (\sigma_1+3\sigma_3>0) \tag{4-3}$$

$$R_t=\sigma_3 \quad (\sigma_1+3\sigma_3<0) \tag{4-4}$$

式中　σ_1——第一主应力(拉负压正)，MPa；

σ_3——第三主应力(拉负压正)，MPa；

R_t——岩石单轴抗压强度(拉正压负)，MPa。

4.2.2　规范分析法

该方法形式简单，易于工程师操作，思路是只考虑围岩存在垂直压力和水平压力，即

$$\sigma_z=\gamma H \tag{4-5}$$

$$\sigma_x=\sigma_y=\sigma_z\tan^2\left(45^\circ+\frac{\varphi}{2}\right) \tag{4-6}$$

式中　σ_z——竖向压力，MPa；

σ_x，σ_y——水平压力，MPa；

γ——上覆岩体重度，kN/m^3；

φ——岩体内摩擦角，(°)。

矿体被采出后形成空洞区域，围岩应力得到释放，各部位受力各不相同，如冒落顶板承受拉应力，巷道两帮承受压应力，巷道四角位置承受剪应力。

如图4-6所示，$ABCD$承受重力作用以及两侧楔形体的水平压力所导致的摩擦阻力，取该单元进行应力平衡计算，则有如下公式：

$$Q = G - 2F \tag{4-7}$$

$$G = 2\alpha\gamma H \tag{4-8}$$

$$F = P\tan\varphi \tag{4-9}$$

$$P = \frac{\gamma H}{2}\tan^2(45° - \frac{\varphi}{2}) \tag{4-10}$$

式中　Q——顶板压力，kN；

G——顶板重力，kN；

F——两侧所受摩擦阻力，kN；

P——两侧压应力，kN；

α——采空区跨度的一半，m。

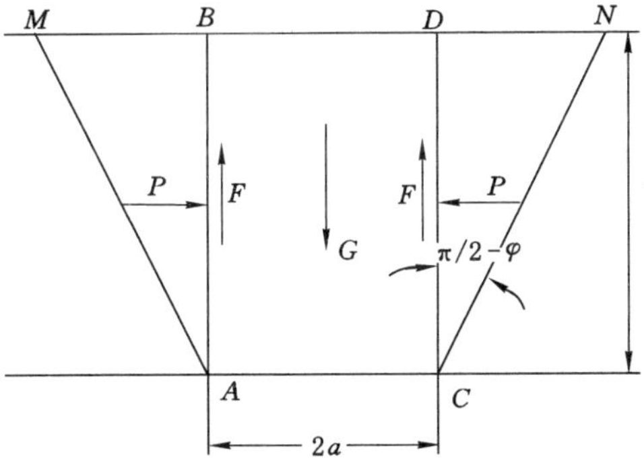

图4-6　受力模型

由静力平衡得到：

$$Q = \gamma H[2\alpha - H\tan\varphi\tan^2(45° - \frac{\varphi}{2})] \tag{4-11}$$

当H达到一定深度时必会使$Q=0$，即为该顶板达到应力平衡状态，而此时H即为临界深度H_0，公式表示为：

$$H_0 = \frac{2\alpha}{\tan\varphi \tan^2(45° - \frac{\varphi}{2})} \tag{4-12}$$

比较实际埋深与临界深度关系，便可判断该采空区顶板是否稳定。

4.2.3 工程类比法

该法更为易行，但由于存在人为主观因素，根据经验、阅历以及知识构成不同，得到的结果相差较大。

类比的因素主要从以下三个角度出发：

(1) 采空区上覆岩层状态，厚度、产状、裂隙及岩性等，采空区自身的状态，填充情况、顶板形状以及埋藏条件等。

(2) 按照该思路类比，比较附近较为相同的采空区评价成功或失败的案例。

(3) 采空区高跨比。经验表明该因素视为采空区稳定的主要因素，当顶板完整时，确定一个临界高跨比值，用该临界值衡量采空区是否稳定。

4.2.4 半理论半经验法

对于半经验半理论分析法，由于采空区围岩参数、边界条件等受客观条件限制很难查清，因此该法较为实用，但也处于探索阶段。

1. 顶板堵塞法

采空区顶板冒落后，围岩碎胀向上发展一定高度可认为采空区被自行充填。用数学表达式可以描述为：

$$VK = V_0 + V \Rightarrow V_0 = V(K - 1) \tag{4-13}$$

式中 K——岩石碎胀系数；

V_0——采空区体积，m^3；

V——岩石垮落体体积，m^3。

该式表示岩石垮落碎胀后不但充填了原体积 V，碎胀后部分还充填了采空区体积 V_0，即

$$\left.\begin{aligned} V_0 &= S \times H_0 \\ V &= S \times Z \end{aligned}\right\} \Rightarrow Z = \frac{H_0}{K - 1} \tag{4-14}$$

式中 S——采空区截面积，m^2；

H_0——采空区高度，m；

Z——埋深，m。

当埋深大于 Z 时，表示地表稳定。

2. 拱效应分析法

把采空区顶板垮落视为拱状，岩体承载拱与上覆荷载保持静态平衡，此时可由静力平衡关系表示出该破裂拱高度 H 为：

$$H=\frac{0.5b+H_0\tan(90^\circ-\varphi)}{f} \tag{4-15}$$

式中　b——采空区顶板跨度，m；

H_0——采空区高度，m；

φ——岩体内摩擦角，(°)；

f——围岩强度系数，有 $f\times\tan\varphi=1$。

该采空区最终安全厚度为 H 再加拱上均布荷载对应的岩体厚度。

3. 结构力学计算法

将采空区上覆顶板假设为梁两端为固定的梁，简化为弹性力学平面应变问题，计算其弯矩和剪力，如图 4-7 和图 4-8 所示。

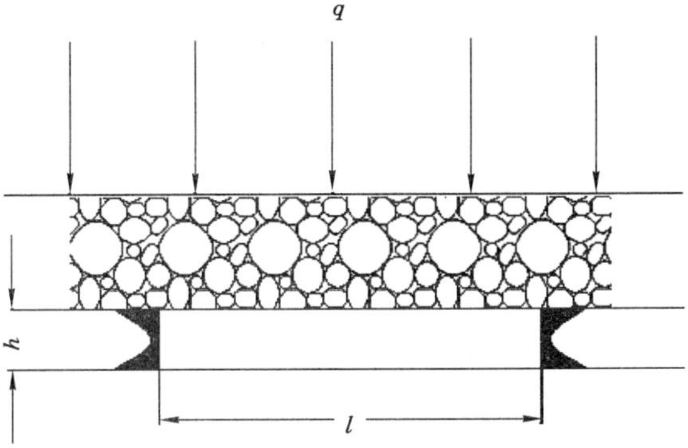

图 4-7　顶板受力

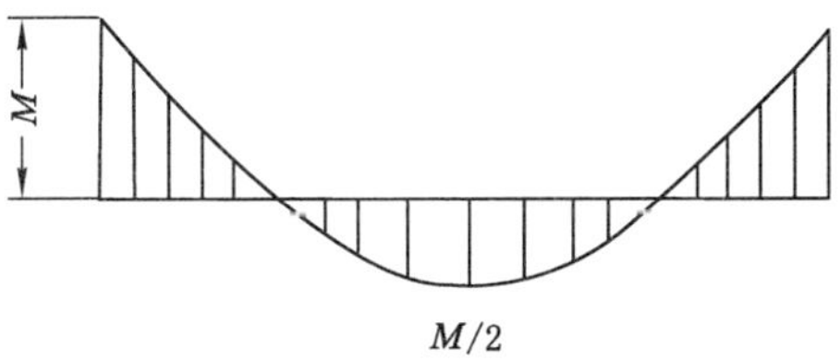

图 4-8　顶板弯矩

弯矩计算如下：

$$M=\frac{1}{12}ql^2 \tag{4-16}$$

式中 q——假设梁自重及上覆均布荷载，kN；

l——采空区跨度，m。

若将该岩梁视为梁端固定约束，则该式可表述为：

$$M=\frac{\gamma h+q}{12}l^2 \tag{4-17}$$

$$\omega=\frac{bh^2}{6} \tag{4-18}$$

式中 M——弯矩，N·m；

ω——阻力矩系数，m^3；

b——岩梁宽度，m。

岩梁中间岩体承受最大弯矩情况下所受极限拉应力为：

$$\sigma_p=\frac{M}{\omega}=\frac{\gamma h+q}{2bh^2}l^2 \tag{4-19}$$

式中 σ_p——允许极限拉应力，MPa。

$$\sigma_p=\frac{\sigma_u}{K\times K_c} \tag{4-20}$$

式中 K——安全系数，一般为2～3；

K_c——结构刚度折减系数，该系数取决于岩石的自身特性，如结构面特性、裂隙发育程度、饱和单轴抗压强度等因素，一般不小于7～10。

4.3 采空区局部弱化岩体受载破坏特征

4.3.1 局部破坏岩体形态

采空区内岩体赋存局部破坏区域，局部破坏渐进扩展极易诱发采空区再次失稳，局部剪切变形带的形成是岩石破坏的先兆，是岩土工程结构失稳的重要表征，岩土体的变形局部弱化问题是岩土工程领域研究的热点问题之一，也是影响采空区长期稳定性的重要因素之一。岩石在自然界中受到外因的影响，力学性能产生劣化，岩石的变形局部弱化特征也会产生变化，危害实际工程的安全。因此，采用白光数字散斑方法探索岩石在受荷条件下的局部弱化区扩展规律具有十分重要的理论与现实意义。研究采用冻融-腐蚀循环的办法预制岩样局部破坏区,并采用数字散斑方法(DSCM)对制备好具有初始破坏的岩石试件样进行加载分析,追踪局部破坏区域扩展规律,研究局部破坏影响下岩样的力学特征及应变场分布特征。

4.3.2 局部破坏岩样单轴加载试验

1. 试验准备

(1) 试件制备

岩石试件(见图4-9)取自昔阳白羊岭矿区,为白云石大理岩,切削制备成为ϕ50 mm×100 mm的圆柱体试件,试件制备后先将外观上有明显差别和缺陷的试件剔除,再通过声波测速测试仪测定每块试件的纵波波速,选取波速接近的试件开展试验研究。

图4-9 岩石试件

(2) 冻融-腐蚀试验

配制酸性溶液时,在溶液中加入HNO_3,最终配制得到3%的HNO_3溶液。试验采用酸性溶液,对应的pH值为2,放入低温试验箱内进行冻融循环试验(冻12 h,融12 h),直至进行15次为止。

(3) 单轴压缩条件下白光数字散斑观测试验

大理岩岩样表面首先喷涂均匀白色斑点,然后再喷涂随机的黑色斑点。调整相机方位,使得相机靶面与试件表面相对平行,调整焦距,使得岩样占据整个靶面,同时提前对时,保证单轴压缩试验与白光数字散斑观测试验同时进行,图像采集速率为7帧/s,CCD摄像机分辨率为(1 630×1 224)pixel,由于试验中大理岩表面为

50 mm×100 mm，标定得到系统物面分辨率为 0.05 mm/pixel。

2. 局部破坏区域演化过程

本书利用数字散斑相关装置研究大理岩在单轴压缩状态下的局部弱化区形成过程，选取具有代表性的原始岩样、冻融-腐蚀 15 次岩样，分析大理岩内部弱化区域扩展演化规律。完整试件见图 4-10。

图 4-10 完整试件

(1) 原始岩样局部剪切带形成规律分析

在图 4-11（原始岩样单轴压缩应力-应变曲线）中选取 6 个加载点（A、B、C、D、E、F）组成一个最大剪切应变（r_{max}）的散斑序列，通过分析该序列散斑图（图 4-12）可以分析原始大理岩岩样在单轴压缩状态下的裂隙扩展与变形情况。

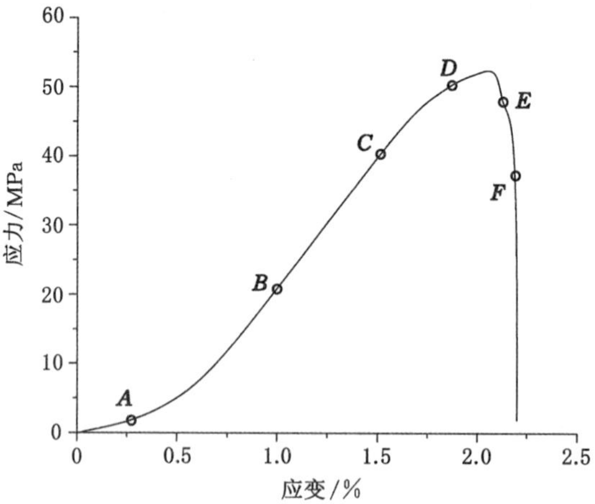

图 4-11 原始岩样单轴压缩应力-应变曲线

在原始岩样加载过程中，图 4-12(a)变形是较为均匀的，散斑之间的干涉条纹间距基本相等，说明岩样正处于弹性变形阶段，变形发展较为稳定，此时的应力值为 4.57 MPa；图 4-12(b)是变形的非均匀发展时期，该时期散斑干涉条纹开始发生紊乱与波动，不停地发生变化，此时的应力值为 22.80 MPa；自图 4-12(c)开始，散斑图中开始出现局部弱化迹象，此时的应力值为 41.19 MPa。

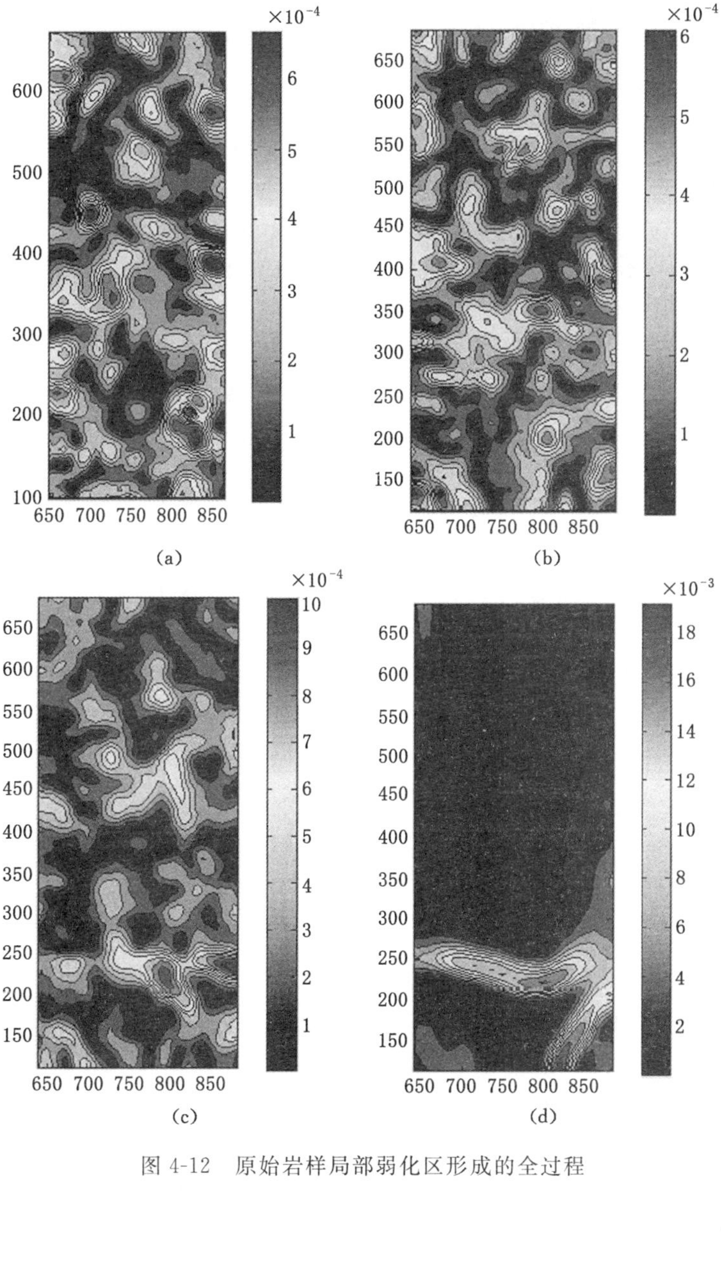

图 4-12　原始岩样局部弱化区形成的全过程

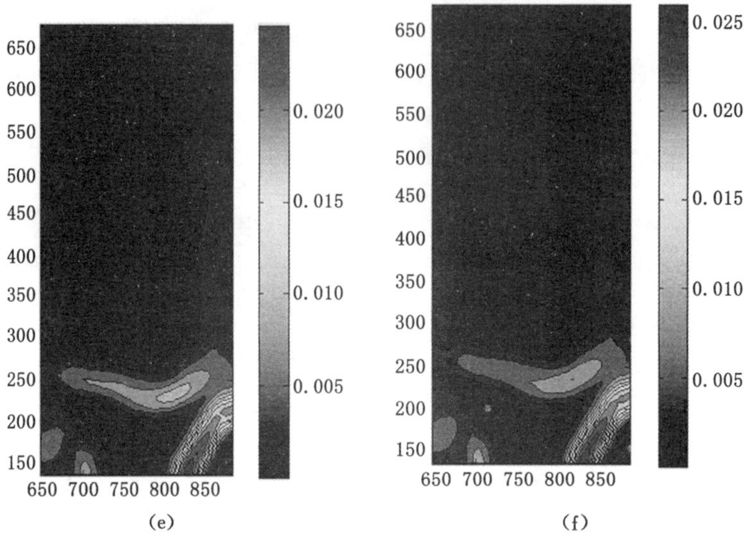

图 4-12(续)

如图 4-12(d)所示，形成了初始的局部弱化区，此时应力值为 50.41 MPa，荷载为峰值强度的 90.5%。通过对比观测多组试验，荷载为峰值强度的 90.5%时，原始岩样形成初始局部弱化区，局部弱化区内部的最大应变值为 2×10^{-2}。通过观察散斑图像可以得到局部弱化区宽度为 40 pixel，系统物面分辨率为 0.05 mm/pixel，可知局部弱化区宽度为 2 mm。

随着荷载的继续增加，局部弱化区宽度逐渐稳定，且随着荷载的增加不发生局部弱化区跳跃或移动现象，形成了完全稳定的局部弱化区，如图 4-12(f)，此时的应力值为 36.08 MPa，荷载下降为峰值强度的 68%。通过对比观测多组试验，荷载降低为峰值强度的 68%时，原始岩样形成最大局部弱化区，局部弱化区内部的最大应变值为 2.5×10^{-2}。观测散斑图像图像得到局部弱化区宽度为 50 pixel，即局部弱化区宽度为 2.5 mm。

沿着该局部弱化区形成了宏观裂隙，裂隙出现的位置与图 4-12(f)中所出现的局部弱化区刚好吻合，见图 4-13。

(2) 初始弱化区扩展规律分析

图 4-14 是通过冻融-腐蚀 15 次后形成初始弱化区的试件，图 4-15 是该试件的初始应力-应变曲线，在曲线图中选取 6 个加载点(A、B、C、D、E、F)组成一个最大剪切应变(r_{max})的散斑序列，通过分析该序列散斑图(图 4-16)可以分析存在初始弱化区的大理岩在单轴压缩状态下变形情况。

图 4-13　原始岩样单轴压缩的破坏情况

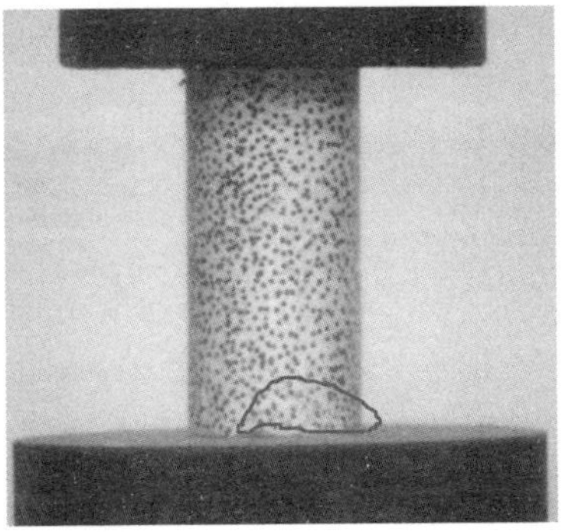

图 4-14　形成初始弱化区的试件

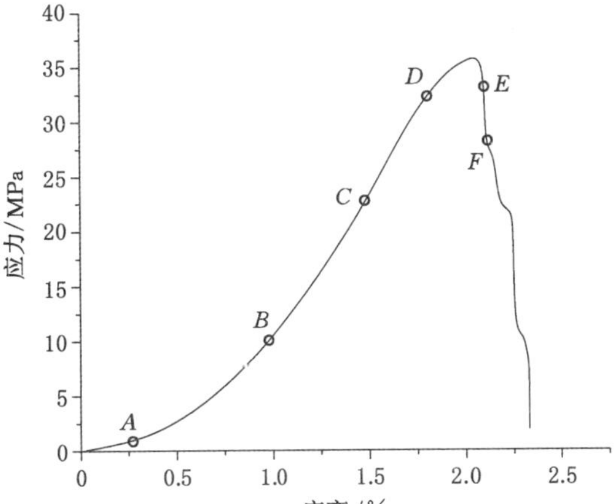

图 4-15　岩样单轴压缩应力-应变曲线

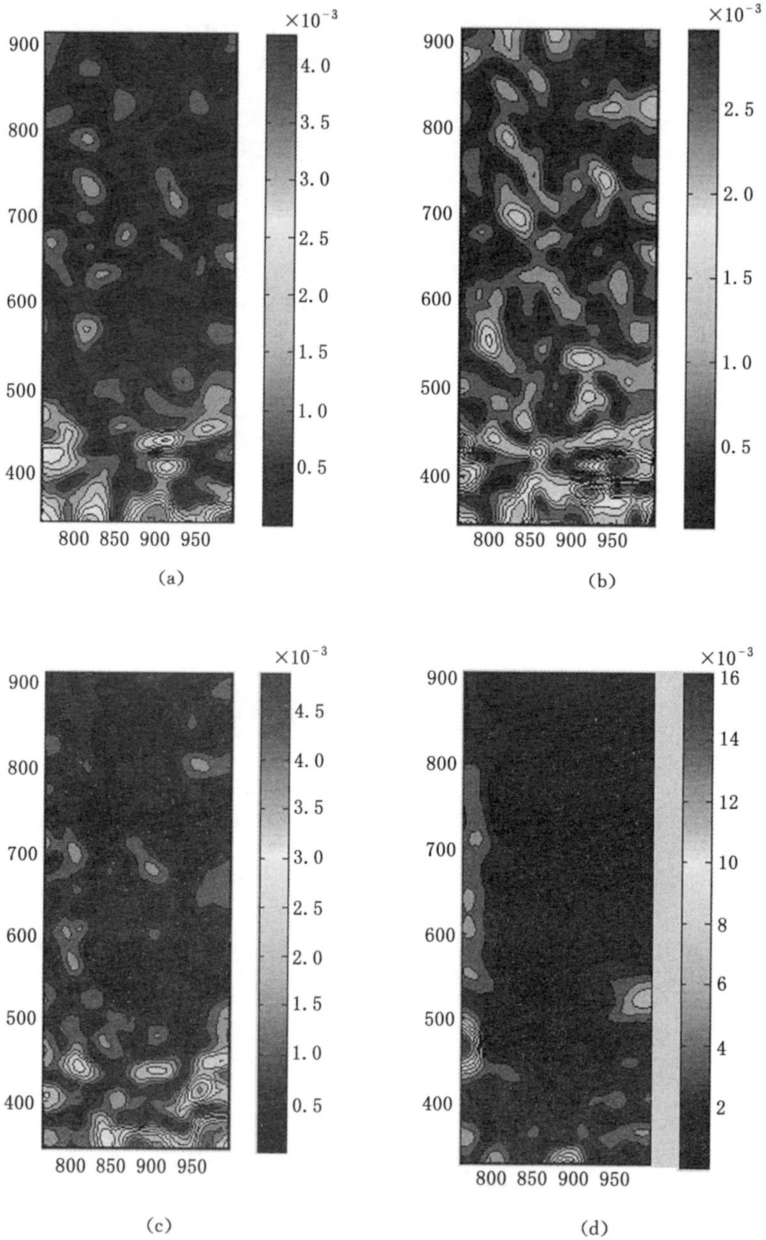

图 4-16　岩样局部弱化区剪切带形成过程

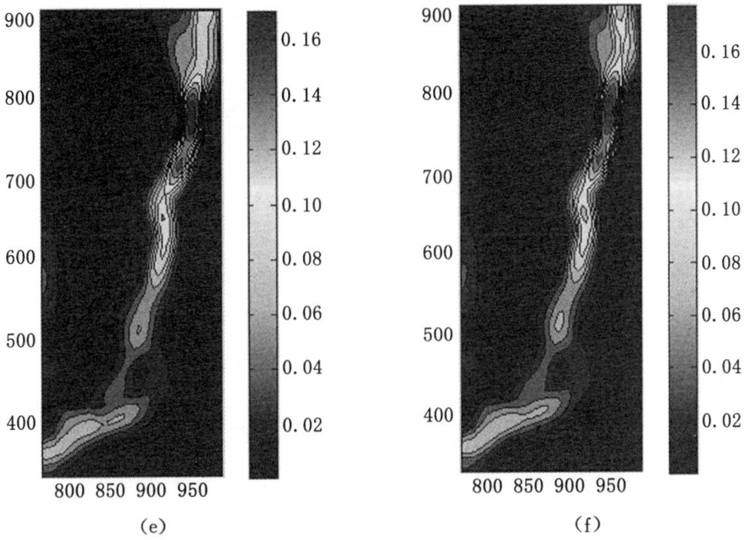

图 4-16(续)

存在初始弱化区的岩样在加载过程中，图 4-16(a)依然是均匀变形时期，散斑图中的干涉条纹分布间距大体相等，此时的应力值为 2.38 MPa。图 4-16(b)为非均匀变形时期，散斑图中的应变值有了明显的提高，最大应变值上升到 2.5×10^{-3}，说明岩样内部裂隙开始扩展，此时的应力值为 12.53 MPa。自图 4-16(c)开始，散斑图中开始出现初始局部弱化迹象，局部弱化区内部的干涉条纹明显较为密集，此时的应力值为 22.89 MPa。

图 4-16(e)所示的散斑图出现了初始局部弱化区，此时的应力值为 32.23 MPa，荷载为峰值强度的 93.5%，局部弱化区内部的最大应变值为 1.8×10^{-2}。通过观察散斑图像可以得到局部弱化区宽度为 65 pixel，即局部弱化区宽度为 3.25 mm。

如图 4-16(f)所示，局部弱化区宽度逐渐稳定，形成完全稳定的局部弱化区，随着进一步的加载，不出现变形局部弱化区移动现象，此时应力值为 27.23 MPa。局部弱化区内部的最大应变值为 16×10^{-2}。观测散斑图像得到局部弱化区宽度为 70 pixel，即局部弱化区宽度为 3.5 mm。

对比原始岩样，最大局部弱化区的长度变长，宽度由 2.5 mm 增加到 3.5 mm。同时，原始岩样出现稳定局部弱化区时，荷载降低到峰值强度的 68%，存在初始弱化区时荷载降低到峰值强度的 78%。局部弱化区内部最大应变值由 2.5×10^{-2} 增加到 16×10^{-2}。沿着该局部弱化区形成了宏观裂隙，裂隙出现的位置与图 4-16(f)中所出现的局部弱化区刚好吻合，见图 4-17。

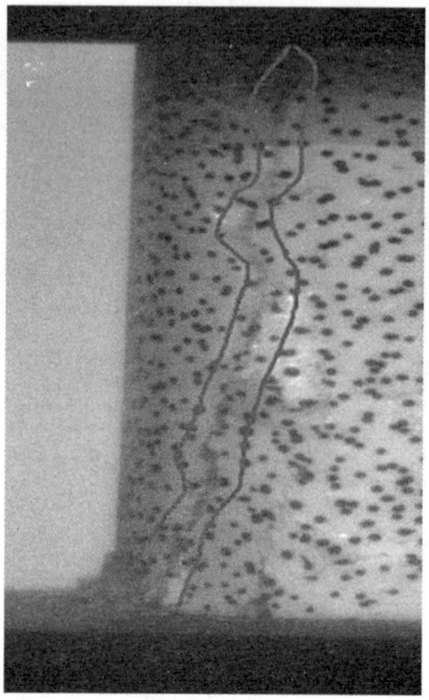

图 4-17　岩样单轴压缩的破坏情况

3. 岩样局部破坏区扩展分析

通过数字散斑相关试验，整理试验数据得到不同岩样的局部弱化参数，见表 4-1。

表 4-1　岩样的局部弱化区参数

岩样	峰值强度/MPa	初始局部弱化区出现时强度占比/%	最大局部弱化区出现时强度占比/%	最大局部弱化区内部最大应变值/%	最大局部弱化区宽度/mm
原始岩样	53.067	95.0	68	2.5	2.5
初始弱化区岩样	37.122	93.5	78	16.0	3.5

从表 4-1 中数据可以发现，初始局部弱化区出现时强度低于完整试件，最大局部弱化区出现时强度低至原强度的 78%左右，局部弱化区内部最大剪切应变值增加，最大局部弱化区宽度增加。

通过最大剪切应变(r_{max})演化过程，描述了大理岩原始岩样、存在初始弱化区岩样破坏过程，给出了岩样试件在加载过程中的损伤、变形、裂隙产生与扩展，最终破坏的全过程试验信息，获得了大理岩在局部弱化区扩展演化规律。

4.3.3　结构面对岩样稳定性的弱化影响

大量的工程实践与理论研究表明，煤柱-顶板结构的破坏常发生在系统最薄弱区域或薄弱环节。该薄弱范围呈现的区域性与传统点破坏思想不符，而采用弱化区域进行描述则更为恰当。“弱化”表示岩性的弱化或劣化，受到内、外因共同作用局部弱化范围会不断扩展、延伸，进一步导致围岩局部结构弱化、失稳，甚至诱发煤柱-顶板整体失稳，危害极大。煤柱-顶板结构中结构面赋存状态较为复杂，它的存在同样形成了岩体初始局部弱化区域，该局部弱化区域的持续扩展演化影响着煤柱-顶板整体结构稳定性。因此，采用从局部到整体的研究思路，探索内、外因共同作用下由结构面形成的局部弱化区扩展演化对煤岩试件性能弱化的力学行为，尤其是弱化区影响下岩体强度、刚度及应力-应变关系的变化规律，旨在为局部破坏对煤柱-顶板整体稳定性影响研究提供依据。

1. 试验准备

(1) 试件制备

以前述岩样为原样，加工试件规格为 ϕ50 mm×100 mm，取样深度相同。采用先切割后黏合的办法制备结构面与水平面(主应力作用面，后续类同)夹角 β 为 0°、30°、45°、60°和 90°的试件 5 组。采用石膏与水比例统一为 2∶1 作为黏合剂，黏合结构面抗剪强度小于同条件下砂岩抗剪强度。试件黏合过程中采用内径为 50 mm 的 PVC 管作为夹具，管长 80 mm，用钢锯纵向锯掉 1/4 形成开口，切割好的试件上、下两段用记号笔在切割处画出校正线，以便在夹具黏合过程中进行校准。放入黏合试件的夹具，外绑扎两道铁丝，上放置配重块，以黏合试件不发生错位为宜，竖向静置 24 h 后松夹具打磨试件，为试验做准备，具体如图 4-18 所示。

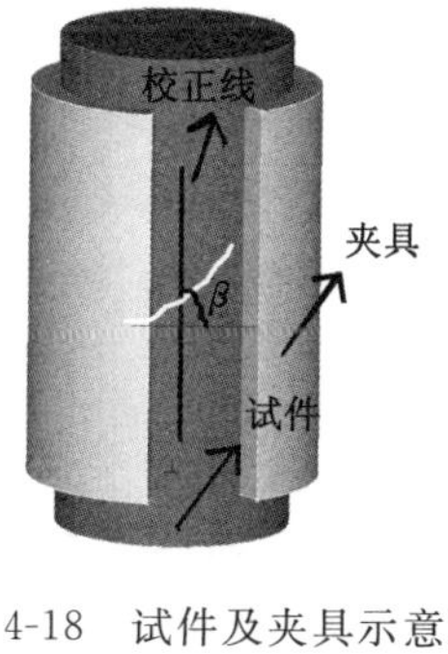

图 4-18　试件及夹具示意图

(2) 试验装置

使用 TAW2000 型电液伺服岩石三轴试验机进行常规三轴试验，该岩石试验机最大轴向压力为 2 000 kN，最大侧向压力为 100 MPa，如图 4-19 所示。该设备可轴压与侧压相互独立控制，具备侧压力自补偿结构。能够自动充油，实现升压、降压与保压，计算机自动采集数据。

图 4-19　TAW2000 型岩石三轴试验机

(3) 试验设计

试验分 5 组，每组制备包含 0°、30°、45°、60°和 90°倾角结构面的试件 20 个，共计 100 个试件，用于分析在不同围压下不同倾角结构面的试件刚度、应力-应变、强度变化弱化规律。具体为：第一组试验中，测试试件不同结构面倾角与强度变化关系；第二组试验中，测试试件不同结构面倾角与弹性模量变化关系；第三组试验中，测试试件不同结构面倾角在 5 MPa 围压下的应力-应变关系；第四组和第五组试验中，分别测试在 15 MPa 和 25 MPa 围压下不同结构面倾角与峰值强度之间的关系，结合第三组试验数据，研究不同围压下结构面倾角与峰值强度之间的关系。

2. 结构面弱化区对岩体性能控制分析

(1) 结构面弱化区对岩体强度的影响

对于煤柱-顶板系统而言，弱化区即为系统最为薄弱的区域或环节，整体破坏往往是由这些局部弱化区的扩展延伸所诱发。岩体结构面存在形成了煤柱-顶板系统初始局部弱化区，该类局部弱化区同样在受到内、外因的作用下形成局部破坏、失稳，进而威胁煤柱-顶板系统整体稳定性。为了便于分析，外因只考虑外荷载影响，内因只考虑岩体试件材料特性和结构面倾角特征影响。岩体结构面受力特征如图 4-20 所示。

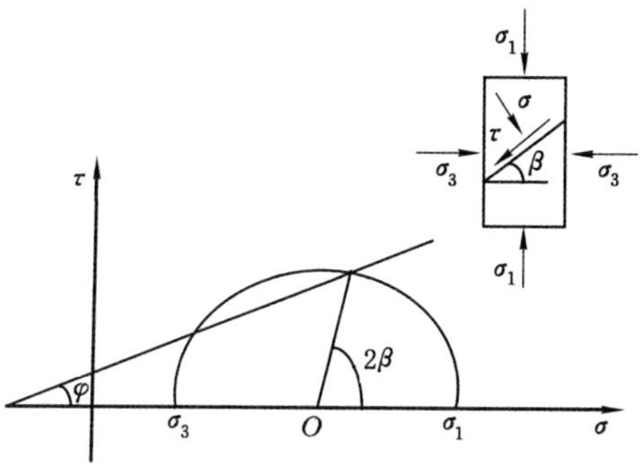

图 4-20　岩体试件结构面受力特征

如图 4-20 所示，β 为结构面倾角，根据 Mohr-Coulomb 破坏准则，当 $\beta_2 \leqslant \beta \leqslant \beta_1$ 时，则有 $2\beta_1 = \pi + \varphi - \sin^{-1}\{[\sigma + c\cot\varphi)/\tau]\sin\varphi\}$，$2\beta_2 = \pi + \sin^{-1}\{[\sigma + c\cot\varphi)/\tau]\sin\varphi\}$，其中 c 为黏聚力，φ 为内摩擦角，结构面对岩体试件的稳定性具有控制作用，该结构面即为控制岩体试件稳定性的局部弱化区。当 $\beta > \beta_1$ 或 $\beta < \beta_2$ 时，结构面对岩体试件破坏不构成威胁，岩体试件破坏与否主要取决于被结构面分割的上下两岩块强度。该结构面则不属于岩体试件的弱化区，反而两个岩块是岩体试件的薄弱环节所在，岩体试件稳定性受到这两个岩块自身局部弱化区所控制。对于岩块同样存在不同程度微小薄弱区域，块体自身强度受到这些局部弱化区控制，针对这一层级局部弱化区暂不探讨。

结构面倾角及岩块强度即为影响岩体试件稳定性的内因，外荷载即为影响岩体试件稳定性的外因。由分析可知，岩体试件的稳定性受到内、外因共同作用下的局部弱化区控制，而弱化区的形态是随着内、外因变化而变化的。岩体在力学作用和力学性质上有明显的结构效应，结构类型不同，力学效应不一。测试不同结构面倾角与岩体强度关系，发现随着结构面倾角 β 的增加，岩体试件强度不变，在第一区间内结构面不是控制试件稳定性的弱化区；超过 30°后的第二区间结构面为控制试件稳定性的弱化区，越接近 60°试件稳定性受到结构面形成的弱化区控制越强；第三区间随着结构面倾角 β 的增加，结构面形成的弱化区对岩体试件强度控制越弱，直至结构面对试件稳定性失去控制作用。由此可见，在结构面倾角越趋于 60°，结构面对岩体力学性能劣化控制越处于主导地位，进一步表明了结构面对于岩体性能弱化程度具有可变性。

(2) 结构面弱化区对岩体刚度的影响

假设岩体试件完全破坏失稳前截面尺寸变化不大，要研究岩体试件刚度随着结构面倾角的变化，只要分析弹性模量随着结构面倾角变化规律即可。通过测试不同结构面倾角试件的弹性模量，得到弹性模量 E 与结构面倾角 β 关系如图 4-21 所示。相同围压下，随着倾角的增加，试件弹性模量先减小后增加，同样在结构面倾角为 60°左右时试件弹性模量最低，抗变形能力最差，表明该处岩体试件刚度最弱，随着试件围压的增加试件刚度有所提高。结构面倾角为 45°～60°时，相同结构面倾角情况下围压 20 MPa 比围压 5 MPa 和 10 MPa 的试件刚度提高 25%左右；而结构面倾角大于 60°和小于 45°，围压为 5 MPa、10 MPa 和 20 MPa 时相同结构面倾角试件刚度相差不大，约为 10%左右。因此，围压能够一定程度上抑制结构面对岩体试件的刚度弱化作用，尤其是结构面倾角在 45°～60°时，采用增加围压的方法对于刚度弱化的抑制效果更好。

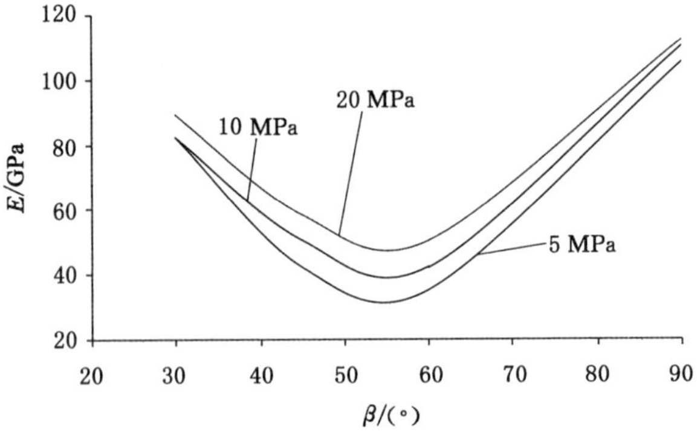

图 4-21　弹性模量与结构面倾角的关系

3. 结构面弱化区对岩体试件应力-应变关系的影响

如图 4-22 所示为试件在 5 MPa 围压情况下不同结构面倾角试件的应力-应变关系曲线。0°与 90°倾角的应力-应变关系与完整试件类似。就受力特征而言，0°相当于两个完整试件“串联”进行应力-应变试验，而 90°倾角相当于两个完整试件并联进行应力-应变试验，因此线型特征相近。此时的结构面形成的弱化区对岩体不起到控制作用，而各岩块内部微裂隙控制着试件整体稳定性。30°、45°和 60°倾角的应力-应变曲线峰值强度依次降低、延性变差，在 45°与 60°时均呈现明显的双线性。这是由于前期外力作用下未达到迫使结构面弱化区扩展变形的要求，均为岩体变形，而后期试件的稳定性主要取决于结构面是否发生错动位移，结构面形成的弱化区对试件稳定性起到控制作用，总体呈现双线性。作为外因的围压对结构面稳定性起到了辅助作用，尤其是对倾角为 45°和 60°的结构

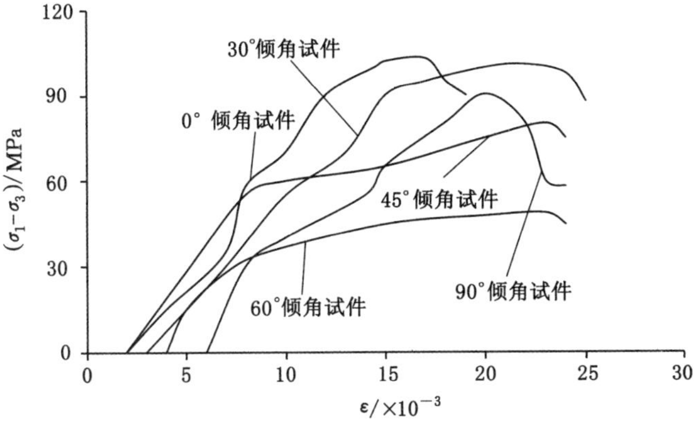

图 4-22　应力-应变曲线关系

面弱化区的加固起到了良好效果。

测试并分析 5 MPa、15 MPa 和 25 MPa 下不同倾角结构面对应力-应变曲线的峰值强度弱化影响规律，如图 4-23 所示。随着围压的增加，不同倾角结构面的试件峰值强度均呈现增加的趋势，表明围压对于试件稳定性具有一定的约束作用。0°、30°和 90°倾角结构面的试件峰值强度随着围压增长，走势互有交叉，较为接近；45°和 60°倾角结构面的试件峰值强度曲线基本位于最下方，60°倾角结构面的试件峰值强度最小，结构面对于这两组试件的峰值强度弱化最为明显，但二者峰值强度曲线走势明显更陡，表明围压加固对于这两组试件峰值强度的提高效果最明显。

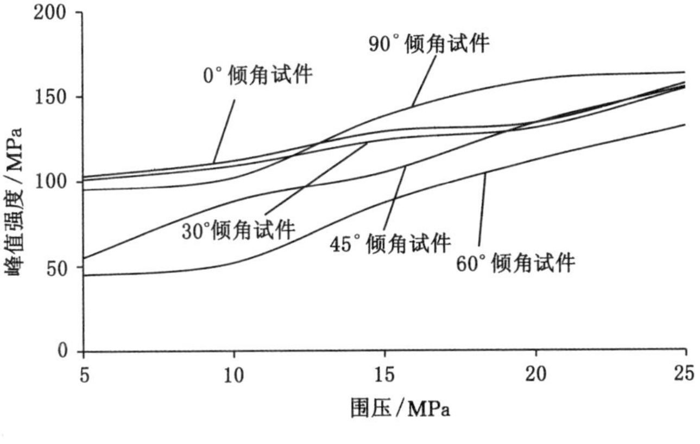

图 4-23　不同围压试件峰值强度

4.3.4 岩体局部破坏演化规律

通过追踪最大剪切应变演化过程描述了原始岩样、局部弱化岩样的破坏过程，给出了岩样在加载过程中的损伤、变形、裂隙产生与扩展及最终破坏的全过程试验信息，获得局部弱化扩展过程中试件应力-应变关系。通过研究不同倾角结构面对岩体强度、刚度及应力-应变关系影响规律，分析结构面对岩体性能弱化力学行为，结果表明结构面对于岩体性能弱化控制程度具有可变性。结构面倾角越趋于 60°，岩体试件强度、刚度及稳定性受到结构面形成的弱化区影响越大，即结构面对岩体力学性能劣化控制越处于主导地位。在内、外因共同作用下结构面形成的弱化区对岩体试件稳定性具有控制作用，而控制程度随着内、外因的变化而变化，只有准确确定弱化区位置及形态，才能采取有效措施控制结构面对于岩体弱化程度进一步发展。

4.4 基于概率积分法的采空区变形预测

4.4.1 概率积分法的基本原理及假设

概率积分法基本思想是运用非连续介质模型对岩体破坏变形状态进行模拟。采空区地表变形移动中岩体存在一系列连续的原生面及其他非连续破坏面，所以运用概率积分法适用于研究采空区沉陷问题。概率积分法是我国学者多年研究发展起来的，以影响函数和随机介质理论为基础，因变形预计公式中采用积分方法推导而来得名，该方法目前应用十分广泛，也较为有效。

4.4.2 概率积分法计算分析及数学模型

地表最终的下沉应该是采煤沉陷初次下沉、采动覆岩的残余变形、土体在压实—松散—压实过程中的残余下沉量三者之和。但是采动覆岩的残余变形和土体在压实过程中的残余下沉量是无法明显区分的，因此一般把它们的共同效应看成是一个残余变形量，即煤层采动覆岩的残余变形量。而且这个残余变形量和采煤沉陷初次下沉量存在时间上的先后顺序。

概率积分法预计数学模型如下：

（1）下沉

$$W(x,y)=W_{\mathrm{cm}}\sum_{i=1}^{n}\int_{L_i}\frac{1}{2r}\mathrm{erf}\left[\sqrt{\pi}\,\frac{(\eta-x)}{r}\right]\cdot \mathrm{e}^{-\pi\frac{(\xi-y)^2}{r}}\mathrm{d}\xi \tag{4-21}$$

（2）倾斜

$$i_x(x,y)=W_{\mathrm{cm}}\sum_{i=1}^{n}\int_{L_i}\frac{1}{r^2}\mathrm{e}^{-\pi\frac{(\eta-x)^2+(\xi-y)^2}{r^2}}\mathrm{d}\xi \tag{4-22}$$

$$i_y(x,y)=W_{\mathrm{cm}}\sum_{i=1}^{n}\int_{L_i}\frac{-\pi(\xi-y)}{r^2}\cdot\mathrm{erf}\left[\sqrt{\pi}\,\frac{(\eta-x)}{r}\right]\cdot \mathrm{e}^{-\pi\frac{(\xi-y)^2}{r^2}}\mathrm{d}\xi \tag{4-23}$$

（3）曲率

$$K_x(x,y)=W_{\mathrm{cm}}\sum_{i=1}^{n}\int_{L_i}\frac{-2\pi}{r^2}\cdot\frac{(\eta-x)}{r}\cdot \mathrm{e}^{-\pi\frac{(\eta-x)^2+(\xi-y)^2}{r^2}}\mathrm{d}\xi \tag{4-24}$$

$$K_y(x,y)=W_{\mathrm{cm}}\sum_{i=1}^{n}\int_{L_i}\frac{\pi}{r^3}\left[\frac{2\pi(\xi-y)^2}{r^2}-1\right]\cdot\mathrm{erf}\left[\sqrt{\pi}\,\frac{(\eta-x)}{r}\right]\cdot \mathrm{e}^{-\pi\frac{(\xi-y)^2}{r^2}}\mathrm{d}\xi \tag{4-25}$$

（4）水平移动

$$U_x(x,y)=U_{\mathrm{cm}}\sum_{i=1}^{n}\int_{L_i}\frac{1}{r^2}\mathrm{e}^{-\pi\frac{(\eta-x)^2+(\xi-y)^2}{r^2}}\mathrm{d}\xi \tag{4-26}$$

$$U_y(x,y)=U_{\mathrm{cm}}\sum_{i=1}^{n}\int_{L_i}\frac{-\pi(\xi-y)}{r^2}\cdot\mathrm{erf}\left[\sqrt{\pi}\,\frac{(\eta-x)}{r}\right]\cdot \mathrm{e}^{-\pi\frac{(\xi-y)^2}{r^2}}\mathrm{d}\xi+W(x,y)\cdot\cot\theta_0 \tag{4-27}$$

（5）水平变形

$$\varepsilon_x(x,y)=U_{\mathrm{cm}}\sum_{i=1}^{n}\int_{L_i}\frac{-2\pi}{r^2}\cdot\frac{(\eta-x)}{r}\cdot \mathrm{e}^{-\pi\frac{(\eta-x)^2+(\xi-y)^2}{r^2}}\mathrm{d}\xi \tag{4-28}$$

$$\varepsilon_y(x,y)=U_{\mathrm{cm}}\sum_{i=1}^{n}\int_{L_i}\frac{-\pi}{r^2}\cdot\frac{\xi-y}{r}\cdot\mathrm{erf}\left[\sqrt{\pi}\,\frac{(\eta-x)}{r}\right]\cdot \mathrm{e}^{\pi-\frac{(\xi-y)^2}{r^2}}\mathrm{d}\xi+i_y(x,y)\cdot\cot\theta_0 \tag{4-29}$$

式中　$W_{\mathrm{cm}}=m\cdot\eta\cos\alpha$，mm；

$U_{\mathrm{cm}}=b\cdot W_{\mathrm{cm}}$，mm；

m——采厚，mm；

η——下沉系数；

b——水平移动系数；

H_d——等价开采影响深度，m；

$\tan\beta$——主要影响角正切，(°)；

r——等价计算工作面的主要影响半径，$r=\dfrac{H_d}{\tan\beta}$；

L_i——等价计算工作面各边界的直线段，m；

θ_0——开采影响传播角，(°)；

$i_x(x,y)$——沿 x(煤层走向)方向的倾斜，mm/m；

$i_y(x,y)$——沿 y(煤层倾向)方向的倾斜，mm/m；

$K_x(x,y)$——沿 x(煤层走向)方向的曲率，10^{-3}/m；

$K_y(x,y)$——沿 y(煤层倾向)方向的曲率，10^{-3}/m；

$U_x(x,y)$——沿 x(煤层走向)方向的水平移动，mm；

$U_y(x,y)$——沿 y(煤层倾向)方向的水平移动，mm；

$\varepsilon_x(x,y)$——沿 x(煤层走向)方向的水平变形，mm/m；

$\varepsilon_y(x,y)$——沿 y(煤层倾向)方向的水平变形，mm/m；

$S(x,y)$——扭曲变形，10^{-3}/m；

$\gamma(x,y)$——剪切变形，mm/m。

除采空区对产生的沉降外，其余地表移动与变形均有方向性。其相关计算公式如下：

$$i_m=\sqrt{i_x(x,y)^2+i_y(x,y)^2} \tag{4-30}$$

$$\varphi_i=\arctan\frac{i_y(x,y)}{i_x(x,y)} \tag{4-31}$$

$$U_m=\sqrt{U_x(x,y)^2+U_y(x,y)^2} \tag{4-32}$$

$$\varphi_u=\operatorname{arccot}\frac{U_y(x,y)}{U_x(x,y)} \tag{4-33}$$

$$K_{1,2}(x,y)=\frac{K_x(x,y)+K_y(x,y)}{2}\pm\sqrt{\left[\frac{K_x(x,y)+K_y(x,y)}{2}\right]^2+S(x,y)^2} \tag{4-34}$$

$$\varphi_k=\frac{1}{2}\operatorname{arccot}\frac{2\cdot S(x,y)}{K_x(x,y)-K_y(x,y)} \tag{4-35}$$

$$\varepsilon_{1,2}(x,y)=\frac{\varepsilon_x(x,y)+\varepsilon_y(x,y)}{2}\pm\sqrt{\left[\frac{\varepsilon_x(x,y)+\varepsilon_y(x,y)}{2}\right]^2+\frac{\gamma(x,y)^2}{4}} \tag{4-36}$$

$$\varphi_{\varepsilon}=\frac{1}{2}\operatorname{arccot}\frac{\gamma(x,y)}{\varepsilon_x(x,y)-\varepsilon_y(x,y)} \tag{4-37}$$

式中　$i_{\mathrm{m}}(x,y)$——最大倾斜变形，mm/m；

$U_{\mathrm{m}}(x,y)$——最大水平移动，mm；

$K_{1,2}(x,y)$——最大正曲率、最大负曲率，10^{-3}/m；

$\varepsilon_{1,2}(x,y)$——最大拉伸、最大压缩变形，mm/m；

φ_i——最大倾斜方向；

φ_{u}——最大水平移动方向；

φ_{k}——最大曲率方向；

φ_{ε}——最大水平变形方向。

4.4.3　采空区上覆岩层沉陷变形预测

1. 地表最大移动变形预测

根据山东枣庄矿区采煤沉陷技术参数，结合“三下”开采规程总结的相关参数，参考邻近矿区预计参数，得出开采沉陷预计参数具体如下：

(1) 全部垮落法管理顶板时

下沉系数：$q=0.7$；

水平移动系数：$b=0.24$；

主要影响角正切：$\tan\beta=1.68$；

开采影响传播角：$\theta=90°-0.5\alpha$；

拐点偏移距：$S=0.05H$。

(2) 条带法开采时

条带法开采的概率积分法采用的地表移动变形计算参数根据与全部开采法的换算关系以及综合分析得到。

地表下沉系数：$q=0.25$；

水平移动系数：$b=0.24$；

主要影响角正切：$\tan\beta=1.58$；

开采影响传播角：$\theta=90°-0.5\alpha$；

拐点偏移距：$S=0.05H$。

采用以上参数，利用概率积分法预计结果见表 4-2。

表 4-2　地表预计变形最大值

煤层厚度/m	下沉/mm	倾斜/(mm/m)	水平移动/mm	水平变形/(mm/m)	曲率变形/($\times10^{-3}$/m)
3	1 930.0	16.88	493.46	−8.35～9.68	−0.27～0.31
8	5 147.0	45.06	1 318.40	−22.25～25.82	−0.73～0.83
平均	3 538.5	30.97	905.93	−15.30～17.75	−0.50～0.57

2. 地表最大残余变形预测

采煤沉陷区地表残余变形产生的原因较为复杂，开采残余变形量通常是由垮落带的压实过程、离层带的压实以及表土层的自然密实过程、岩体内部应力的不断调整分布引起的。但残余变形量通常与开采区域地层结构、上覆岩层的物理力学性质以及煤层开采深度、采煤方法、顶板管理方法、开采面积和开采时间等有关。考虑地表残余变形是采煤沉陷区常规地表移动变形的延续，国内学者按常规地表移动变形预计方法对地表残余变形进行预计，只是地表在衰退期结束，即地表移动期过后，残余变形阶段的下沉系数通常很小。

根据经验和参考资料，一般情况下开采残余变形量相当于开采同一个煤层时下沉系数为 0.03～0.1 左右的下沉量。根据枣庄矿区采煤实践，参照邻近矿区的经验，此次评价区域地表残余下沉系数主要依据拟建公铁立交桥区域采煤地表常规移动过程结束时间的长短确定：

(1) 常规地表移动过程结束的时间在 5 年以内，即 1999 年后开采影响区域，地表残余下沉系数为 0.10；

(2) 常规地表移动过程结束的时间在 5 年以上、10 年以内，即 1988—1998 年间开采影响区域，地表残余下沉系数为 0.07；

(3) 常规地表移动过程结束时间在 10 年以上，即 1988 年前开采影响区域，地表残余下沉系数为 0.03。

由于此区域采用残采和穿采的方式，因此开采残余变形下沉系数取 0.05，其他计算参数不变。开采不同厚度时的残余变形量如表 4-3 所示，该采空区还会有最大残余下沉值 402 mm。

表 4-3　残余最大变形值预测

开采厚度/m	预计残余变形量/mm				
	下沉/mm	倾斜/(mm/m)	水平移动/mm	水平变形/(mm/m)	曲率变形/($\times10^{-3}$/m)
3	100	0.86	25.34	−0.45～0.48	−0.01～0.02
8	402	3.50	102.19	−1.77～1.99	−0.06～0.06

4.5 采空区稳定特征及稳定时间分析

4.5.1 采空区稳定性分析

探测结果表明，高速公路下伏采空区具有显著的煤柱与顶板形态，煤柱与顶板的暂时稳定，决定了下伏采空区是否会产生再次活化。因此，以不同稳定程度的煤柱、顶板构成的整体系统为研究对象，对采空区稳定性进行理论分析。

根据大量实测表明，煤柱-顶板系统整体失稳多是因为所留煤柱失效所导致，煤柱是支撑顶板稳定的基本单元。当个体煤柱出现失稳破坏，一方面，失稳煤柱所支撑的顶板会产生进一步的挠曲变形，该变形会导致周围原本受压均匀的煤柱形成偏应力，形成应力集中，使周围煤柱邻近失稳煤柱一侧屈服破坏严重；另一方面，承载力会转移传递到相邻煤柱，而相邻煤柱又会因传递过来的应力增量导致自身接近极限承载而失稳破坏；这种效应次第扩展，类似于多米诺骨牌效应，导致整个煤柱-顶板整体系统失稳破坏。重整化群理论是通过对整体系统内部基本组成单元一系列自相似变化，进而获取整体宏观系统特性描述[58]。文献[59]已经对矿柱群失稳临界概率进行了研究，但没有考虑矿柱失稳荷载传递过程中的消耗影响。因此，本书考虑荷载传递过程消耗影响情况下，基于重整化群理论进一步研究煤柱群失稳临界概率。

首先绘制二维煤柱群-顶板破坏统计模型，如图 4-24 所示。每一个小方格单元为一个煤柱及其支撑的顶板范围，空白方格单元表示该处煤柱-顶板结构未破坏，“×”方格单元则表示其失稳破坏(后续分析类同)。实际工程中，每个单元中煤柱承载能力并不均衡。承载能力最差的单元首先破坏，该单元失稳导致应力转移到周围未破坏的单元上，形成应力重新分布。新传递过来的应力很可能使原本稳定的邻近单元也达到极限状态，进而发生破坏。如图 4-24(a)所示，只有个别单元发生失稳，对于整体煤柱群-顶板系统威胁不大。若由于某种原因导致 1 单元发生失稳破坏，在荷载重新转移传递影响下，4、5 单元很可能会相继失稳，接下来 6、7 单元也很可能失稳，导致破坏单元连成片，造成整体系统失稳，具体如图 4-24(b)所示。这种单元逐渐连通成片，表现出一种明显的丛集行为。该行为没有唯一特征尺度，而用重整化群方法可以很好地表述。

利用重整化群理论研究煤柱群稳定性时，需进行如下假设：① 顶板荷载作用下，每个煤柱-顶板单元尺寸和所受荷载均相同，当单元所受荷载超过煤柱强

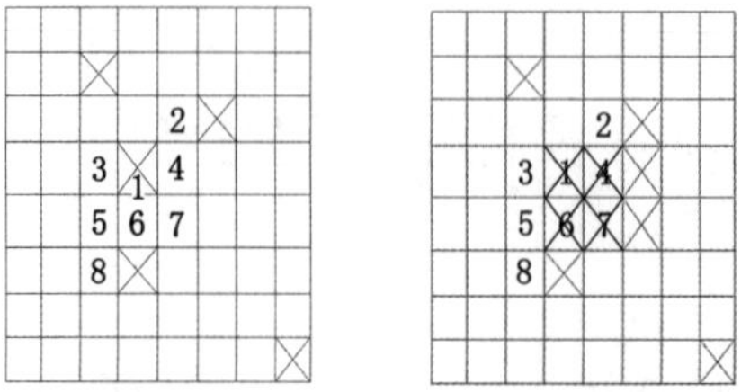

(a) 个别煤柱失稳　　(b) 连片煤柱失稳

图 4-24　煤柱群-顶板破坏统计模型

度时即发生单元破坏；② 每个煤柱强度不同，假设每个煤柱-顶板单元破坏概率满足 Weibull 分布；③ 为了便于重整化群模型扩展分析，假设每 4 个单元构成一个一级元胞，每 4 个一级元胞构成一个二级元胞，直至 n 级元胞结合成 $n+1$ 个元胞。

1. 煤柱群重整化群模型的建立

4 个单元结合成一个一级元胞，根据单元破坏数目及组合不同，一级元胞分为 5 种情况，如图 4-25 所示。

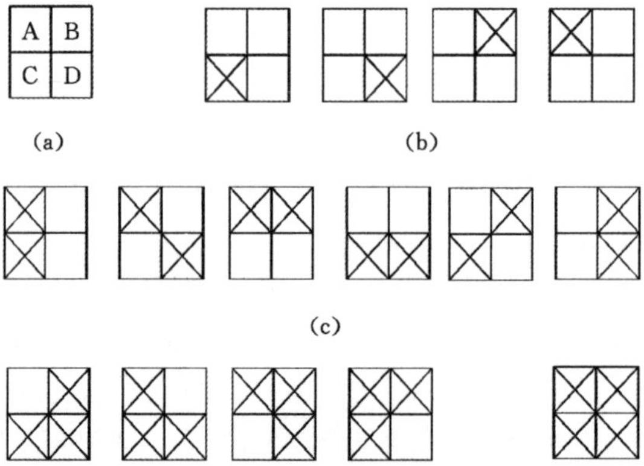

(a)　(b)　(c)　(d)　(e)

图 4-25　元胞构成情况

首先设煤柱-顶板单元（图中一个小方格）破坏概率为 p，那么单元未破坏概率即为 $1-p$，针对元胞破坏概率分别进行以下情况分析：

第一种情况如图 4-25(a)所示，4 个单元均未破坏，因此该元胞破坏概率为 0。

第二种情况如图 4-25(b)所示，元胞中一个单元发生破坏，由于荷载传递可能导致相邻单元破坏，从而使整个元胞也具有破坏的可能性。以元胞中单元 C

破坏情况为例，该单元中煤柱失稳，当导致顶板作用下来的荷载全部转移给 A 单元或 D 单元时，元胞中 C 单元破坏条件下 A 单元的破坏概率为 $p(A \mid C)$，同时 C 单元破坏条件下 D 单元未破坏的概率为 $1-p(D \mid C)$，则元胞破坏概率为 $2p(1-p)^3 p(A \mid C)[1-p(D \mid C)]$；当导致顶板作用下来的荷载平均转移给 A 单元和 D 单元时，元胞破坏概率为 $p(1-p)^3 p(A \mid C)p(D \mid C)$。该种情况中，有 4 种相同状态，即破坏单元也可以是 A 或 B 或 D，因此该种情况下元胞的破坏概率为 $p(1-p)^3\{8[1-p(D \mid C)]+4p(A \mid C)p(D \mid C)\}$，其中 $p(A \mid C)=p(D \mid C)$。

第三种情况如图 4-25(c)所示，元胞中有 2 个单元发生破坏，具体分为两种形式：第一种形式为 2 个相邻单元发生破坏，则元胞发生破坏的概率为 $p^2(1-p)^2$，有 4 种 AB、BD、CD 和 AB 破坏组合；第二种形式为 2 个对角单元发生破坏，以元胞中对角 A 和 D 两个单元破坏为例，当两对角单元破坏后其承担的顶板荷载转移到单元 B 或 C 上，在单元 A 和 D 先破坏的条件下，元胞破坏的概率表示为 $2p^2(1-p)^2 p(B \mid AC)[1-p(C \mid AC)]$；当荷载平均转移给单元 B 和 C 上时，元胞破坏概率为 $p^2(1-p)^2 p(B|AC)p(C|AC)$，有两种破坏组合即 AD 单元和 BC 单元。因此，该种情况中元胞破坏概率为 $p^2(1-p)^2\{4+4p(B|AD)[1-p(C|AD)]+2p(B|AD)p(C|AD)\}$。

第四种情况如图 4-25(d)所示，其中 1 个单元不破坏而 3 个单元破坏的概率为 $p^3(1-p)$，分为 4 种状态，因此该种情况下元胞破坏概率为 $4p^3(1-p)$。

第五种情况如图 4-25(e)所示，即所有单元均破坏，则元胞的破坏概率为 p^4。

对以上 5 种情况下一级元胞的破坏概率求和，即为一级元胞的破坏概率为：

$$\begin{aligned} p^{(1)} &= 4p^{(0)}[1-p^{(0)}]^3 p^{(0)}(D \mid C)[2-p^{(0)}(A \mid C)]+ \\ &2[p^{(0)}]^2[1-p^{(0)}]^2 \times p^{(0)}(B \mid AD)[2-p^{(0)}(C \mid AD)]+ \\ &4[p^{(0)}]^2[1-p^{(0)}]^2+4[p^{(0)}]^3[1-p^{(0)}]+[p^{(0)}]^4 \end{aligned} \tag{4-38}$$

2. 煤柱群失稳临界概率的确定

式(4-38)中 $p(A \mid C)=p(D \mid C)$，$p(B \mid AD)=p(C \mid AD)$，要求出 $p^{(1)}$ 表达式，只需确定 $p(A \mid C)$ 和 $p(B \mid AD)$ 即可。

应力条件转移概率为：

$$p_{ab}=\frac{p_b-p_a}{1-p_a} \tag{4-39}$$

式中　p_{ab}——单个煤柱破坏后向相邻煤柱应力转移的条件概率；

p_a——煤柱未破坏前邻煤柱失稳概率，其承受荷载为 F；

p_b——煤柱破坏后邻煤柱失稳概率。

对于 $p(A \mid C)$ 事件来说，煤柱所受到的荷载 $F' = (1+\alpha)F$，对于 $p(B \mid AD)$ 事件来说，煤柱所受到的荷载 $F'' = (1+2\alpha)F$，当 $\alpha = 0$ 表示煤柱失稳破坏后应力转移过程中损失最大，邻近煤柱受影响最小，$\alpha = 0.25$ 时，表示应力转移过程中损失最少，邻近煤柱受影响最大。α 的大小表示应力转移过程中的消散效应，与顶板岩、煤柱岩性及相对尺寸等因素有关。

由假设条件②知，单元破坏概率满足 Weibull 分布，在单元上作用力为 F 时破坏概率为：

$$p(F) = 1 - \exp\left[-\left(\frac{F}{F_0}\right)^2\right] \tag{4-40}$$

式中 F_0——Weibull 分布参数，反映煤柱材料力学性质。

在单元上作用力为 $F' = (1+\alpha)F$ 时破坏概率为：

$$p(F') = 1 - \exp\left[-\left(\frac{F'}{F_0}\right)^2\right] = 1 - \exp\left[-\left(\frac{F}{F_0}\right)^2\right]^{(1+\alpha)^2} = 1 - [1 - p(F)]^{(1+\alpha)^2} \tag{4-41}$$

代入公式，可得 $p(A \mid C)$ 概率为

$$p(A \mid C) = \frac{p(F') - p(F)}{1 - p(F)} = 1 - [1 - p(F)]^{(2\alpha+\alpha^2)} \tag{4-42}$$

同理，可得 $p(B \mid AD)$ 概率为：

$$p(B \mid AD) = 1 - [1 - p(F)]^{(4\alpha+4\alpha^2)}[1 + p(F)]^{-1} \tag{4-43}$$

将式(4-40)代入式(4-42)和式(4-43)，得出 $P(A \mid C)$ 和 $P(B \mid AD)$ 概率表示方法，并将结果代入式(4-38)，导出最终一级元胞概率表达式为：

$$\begin{aligned} p^{(1)} = {} & 4p^{(0)}[1 - p^{(0)}]^3\{1 - [1 - p^{(0)}]^{(4\alpha+2\alpha^2)}\} + \\ & 2[p^{(0)}]^2[1 - p^{(0)}]^2 \times \{1 - [1 - p^{(0)}]^{(8\alpha+8\alpha^2)}[1 + p^{(0)}]^{-1}\} + \\ & 4[p^{(0)}]^2[1 - p^{(0)}]^2 + 4[p^{(0)}]^3[1 - p^{(0)}] + [p^{(0)}]^4 \end{aligned} \tag{4-44}$$

将式(4-44)重整化群方程，得到 $n+1$ 级元胞破坏概率为：

$$\begin{aligned} p^{(n+1)} = {} & 4p^{(n)}[1 - p^{(n)}]^3\{1 - [1 - p^{(n)}]^{(4\alpha+2\alpha^2)}\} + \\ & 2[p^{(n)}]^2[1 - p^{(n)}]^2 \times \{1 - [1 - p^{(n)}]^{(8\alpha+8\alpha^2)}[1 + p^{(n)}]^{-1}\} + \\ & 4[p^{(n)}]^2[1 - p^{(n)}]^2 + 4[p^{(n)}]^3[1 - p^{(n)}] + [p^{(n)}]^4 \end{aligned} \tag{4-45}$$

由重整化群理论不动点定理，推导出不动点方程，如下所示：

$$\begin{aligned} & 4(1-p)^2[1 - (1-p)(4\alpha + 2\alpha^2)] + 2p(1-p) \times \\ & [1 - (1-p)(8\alpha + 8\alpha^2)(1+p)^{-1}] - \\ & 1 + 3p - p^2 = 0 \end{aligned} \tag{4-46}$$

分析可知该方程有 3 个不动点，$p_1=0$、$p_2=1$ 和 p^*。考虑实际意义，概率为 0 和 1 的根舍去，$0<p^*<1$，其值的大小与荷载传递系数 α 大小有关，当 α 确定，则 p^* 为一定值。若某个煤柱-顶板单元破坏概率满足 $0<p<p^*$，单元不发生破坏；若某个煤柱-顶板单元破坏概率满足 $p^*<p<1$，单元发生破坏。因此，p^* 是煤柱群-顶板单元破坏的临界点，它随着 α 变化而变化。

3. 相邻煤柱失稳干扰性分析

为了研究煤柱群-顶板单元破坏的临界概率 p^* 与传递系数 α 之间的关系，对式(4-46)进行求解并绘制关系曲线，如图 4-26 所示。随着传递系数 α 的增加，煤柱群-顶板单元临界破坏概率 p^* 越来越小。p^* 最大值为 0.333，表明应力传递过程中损失最大，煤柱失稳的承载力被母岩承担一部分，转移到相邻煤柱一部分，因此对相邻煤柱稳定性影响最小；p^* 最小值为 0.147，表明应力传递过程中损失较少，大部分被转移到相邻煤柱来承担，此时在一个微小的扰动下原本稳定的单元很可能会达到临界破坏概率而失稳，而这种破坏会次第累积，直至使煤柱-顶板整体系统崩溃。荷载传递过程中的损失与煤柱群分布、顶板及煤柱岩性有关，而要想真正的衡量煤柱-顶板整体临界概率，首要问题就是要通过试验和现场实测获得传递系数 α，才能准确地确定煤柱临界概率 p^*，这也是下一步要开展研究的方向。

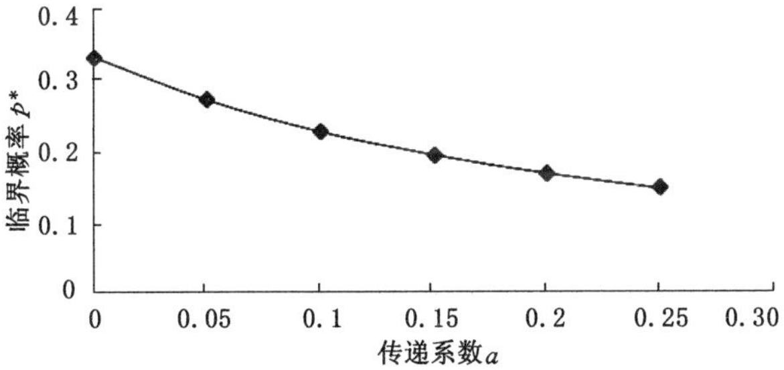

图 4-26　临界概率与传递系数关系

重整化群理论适用于煤柱-顶板整体稳定性分析，通过建立重整化群模型，得到了煤柱-顶板整体临界概率。荷载传递过程中的损失与煤柱群分布、顶板及煤柱岩性有关。

4.5.2　采空区稳定时间预测

在采空区顶板-矿柱的力学模型研究中，多数研究将矿柱简化为弹性或黏弹性的 winkler 基础，将顶板简化为弹性梁[72-75]、弹性薄板[76-79]、黏弹性薄板[80]或弹性厚板[81-83]，对采空区顶板稳定性控制起到了重要的指导作用，但这些研究仅分析垂直方向均布荷载作用下的变形规律，忽略了水平荷载的作用，因而与工程实践有些差别。江学良等[84]考虑了水平荷载和裂隙密度对采空区顶板稳定性影响，得到了有益的结论，但将采空区顶板简化为梁，忽略了采空区顶板的空间效应和各向异性及矿柱的流变变形；王平等[85]将顶板简化为弹性薄板，研究了水平荷载对顶板稳定性的影响，并预测了顶板断裂和矿震之间的关系，对工程实践具有指导意义，但忽略了矿柱的流变变形。

研究中将采空区顶板简化为弹性板，将矿柱简化为符合 Kelvin-Voigt 模型的黏弹性体，建立多向荷载作用下采空区顶板-矿柱体系流变力学模型，推导采空区顶板的控制方程并采用伽辽金方法进行求解，用于预测采空区顶板的稳定时间。

1. 稳定性分析模型的建立

(1) 基本假设

① 将采空区顶板简化为四边固定的弹性矩形薄板，不考虑顶板本身的流变变形；

② 将矿柱简化为满足 Kelvin-Voigt 模型的黏弹性体，假设矿柱的间距相等且与顶板紧密接触；

③ 垂直荷载和水平荷载简化为均布荷载，且水平荷载在 x、y 两个方向的值相等。

(2) 力学模型的建立

顶板模型长度为 $2a$、宽度为 $2b$、厚度为 h，其俯视图如图 4-27 所示；矿柱顶板-矿柱体系模型如图 4-28 所示，矿柱数量为 n，面积为 A，高度为 H；Kelvin-Voigt 模型如图 4-29 所示。

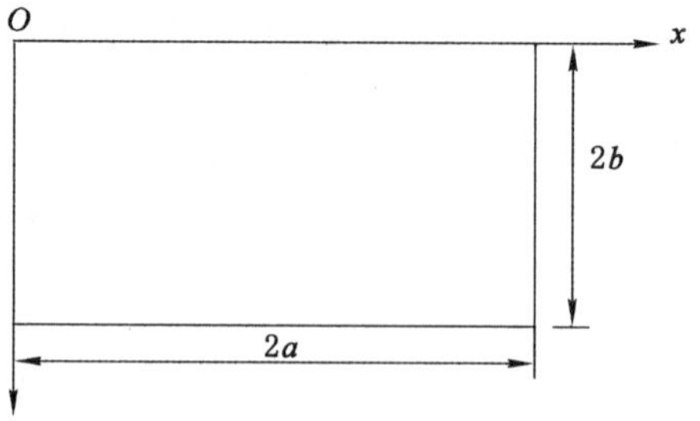

图 4-27　顶板模型俯视图

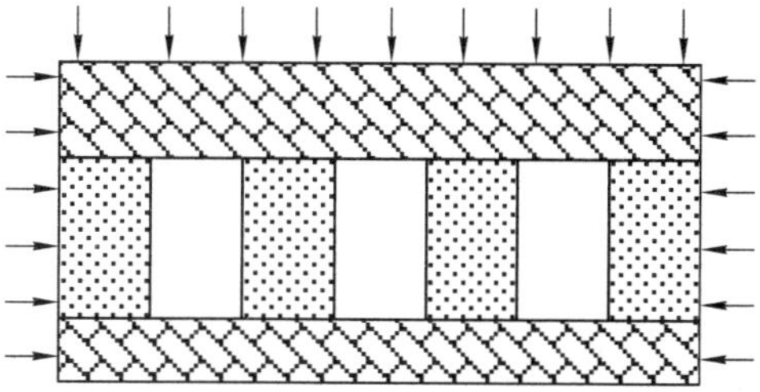

图 4-28　柱顶板-矿柱体系模型

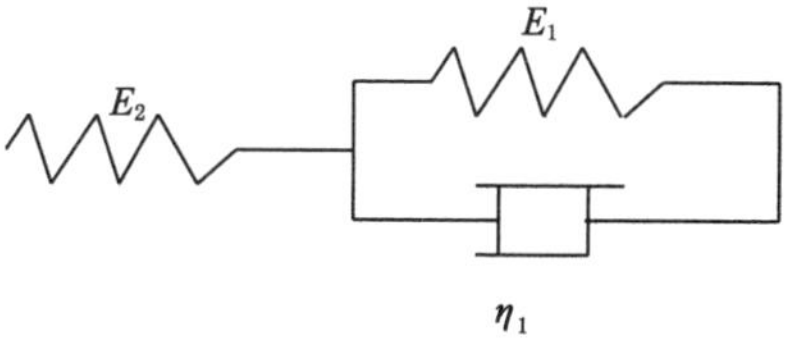

图 4-29　Kelvin-Voigt 模型

(3) 顶板-矿柱体系微分方程的建立

当薄板受到垂直荷载和水平荷载共同作用时,其控制方程为[83]:

$$D\,\nabla^4 w = q + h\,\frac{\partial^2 F}{\partial y^2}\,\frac{\partial^2 w}{\partial x^2} + h\,\frac{\partial^2 F}{\partial x^2}\,\frac{\partial^2 w}{\partial y^2} - 2h\,\frac{\partial^2 F}{\partial x\partial y}\,\frac{\partial^2 w}{\partial x\partial y} \tag{4-47}$$

式中　D——板的抗弯刚度;

w——板的挠度平均值;

∇——拉普拉斯算子;

q——均布荷载集度;

h——板厚;

F——顶板承受的水平荷载。

考虑矿柱的支撑作用,基于 winkler 地基理论,顶板-矿柱体系的控制方程为:

$$D\,\nabla^4 w + \lambda\sigma = q + h\,\frac{\partial^2 F}{\partial y^2}\,\frac{\partial^2 w}{\partial x^2} + h\,\frac{\partial^2 F}{\partial x^2}\,\frac{\partial^2 w}{\partial y^2} - 2h\,\frac{\partial^2 F}{\partial x\partial y}\,\frac{\partial^2 w}{\partial x\partial y} \tag{4-48}$$

式中　λ——矿柱面积与顶板面积的比值;

σ——矿柱内的应力。

$$D = \frac{Eh^3}{12(1-\mu^2)} \tag{4-49}$$

$$\lambda = \frac{nA}{4ab} \tag{4-50}$$

式中 μ——泊松比；

E——顶板的弹性模量。

根据材料力学理论，可得：

$$\frac{\partial^2 F}{\partial y^2}=\sigma_x,\frac{\partial^2 F}{\partial x^2}=\sigma_y,\frac{\partial^2 F}{\partial x\partial y}=\tau_{yx} \tag{4-51}$$

式中 σ_x,σ_y——分别为 xy 平面上 x、y 方向的正应力；

τ_{yx}——剪应力。

由于 σ_x、σ_y 为主应力，则 $\tau_{yx}=0$，根据假设有：

$$\sigma_x=\sigma_y=\zeta q \tag{4-52}$$

式中 ζ——侧压力系数。

将式(4-50)、式(4-51)代入式(4-48)可得：

$$D\ \nabla^4 w+\lambda\sigma=q+h\zeta q\ \nabla^2 w \tag{4-53}$$

Kelvin-Voigt 模型的本构方程为：

$$\sigma+\frac{\eta_1}{E_1+E_2}\dot{\sigma}=\frac{E_1E_2}{E_1+E_2}\varepsilon+\frac{E_2\eta_1}{E_1+E_2}\dot{\varepsilon} \tag{4-54}$$

式中 σ——矿柱内的应力；

$\dot{\sigma}$——应力对时间的一阶导数；

E_1——弹性模量；

E_2——黏弹性模量；

η_1——黏壶的黏滞系数；

ε——应变；

$\dot{\varepsilon}$——应变对时间的一阶导数。

令 $p_1=\dfrac{\eta_1}{E_1+E_2},p_2=\dfrac{E_1E_2}{E_1+E_2},p_3=\dfrac{E_2\eta_1}{E_1+E_2}$

则式(4-54)可写为：

$$\sigma+p_1\dot{\sigma}=p_2\varepsilon+p_3\dot{\varepsilon} \tag{4-55}$$

式(4-53)两侧对时间 t 求导，可得：

$$D\ \nabla^4\dot{w}+\lambda\dot{\sigma}=\dot{q}+h\zeta\dot{q}\ \nabla^2 w+h\zeta q\ \nabla^2\dot{w} \tag{4-56}$$

由于 q 为上覆岩层和顶板的自重应力，这里简化为均布荷载，可视为一个常数，与时间变化无关，因此 $\dot{q}=0$，由此式(4-56)可简化为：

$$D\ \nabla^4\dot{w}+\lambda\dot{\sigma}=h\xi q\ \nabla^2\dot{w} \tag{4-57}$$

将式(4-53)$+p_1\times$(4-57)可得：

$$D\ \nabla^4(w+p_1\dot{w})+\lambda(\sigma+p_1\dot{\sigma})=q+h\zeta q\ \nabla^2 w+h\xi q\ \nabla^2\dot{w} \quad (4\text{-}58)$$

对于矿柱，其挠度和应变之间满足下式的要求：

$$\varepsilon=\frac{w}{H} \quad (4\text{-}59)$$

将式(4-55)和式(4-57)代入式(4-58)，可得：

$$D\ \nabla^4(w+p_1\dot{w})+\frac{\lambda}{H}(p_2 w+p_3\dot{w})=q+h\zeta q\ \nabla w+h\zeta q\ \nabla\dot{w} \quad (4\text{-}60)$$

式(4-60)就是水平荷载和垂直荷载作用下的采空区顶板-矿柱流变力学模型的微分方程。

2. 稳定性分析微分方程的求解

设挠度的解析解为如下形式：

$$w(x,y,t)=w_0(t)f(x,y) \quad (4\text{-}61)$$

式中　$w_0(t)$——顶板最大位移，位于顶板的中心点处。

采用伽辽金法对式(4-60)进行求解，可得：

$$\int_{-a}^{a}\int_{-b}^{b}\Big[\Big(p_1 D\ \nabla^4 f+\frac{\lambda p_3}{H}-h\xi q\ \nabla^2 f\Big)\dot{w}+\Big(D\ \nabla^4 f+\frac{\lambda p_2}{H}-h\xi q\ \nabla^2 f\Big)w_0-q\Big]f\,\mathrm{d}x\,\mathrm{d}y=0 \quad (4\text{-}62)$$

根据积分性质，式(4-62)可写为如下形式：

$$\int_{-a}^{a}\int_{-b}^{b}p_2 D\ \nabla^4 f\cdot f\,\mathrm{d}x\,\mathrm{d}y\dot{w}_0+\int_{-a}^{a}\int_{-b}^{b}\frac{\lambda p_3}{H}f\cdot f\,\mathrm{d}x\,\mathrm{d}y\dot{w}_0-\int_{-a}^{a}\int_{-b}^{b}\nabla^2 f\cdot f\,\mathrm{d}x\,\mathrm{d}y\dot{w}_0+\int_{-a}^{a}\int_{-b}^{b}D\ \nabla^4 f\cdot f\,\mathrm{d}x\,\mathrm{d}y w_0+\int_{-a}^{a}\int_{-b}^{b}\frac{\lambda p_2}{H}f\cdot f\,\mathrm{d}x\,\mathrm{d}y w_0-\int_{-a}^{a}\int_{-b}^{b}\nabla^2 f\cdot f\,\mathrm{d}x\,\mathrm{d}y w_0=\int_{-a}^{a}\int_{-b}^{b}qf\,\mathrm{d}x\,\mathrm{d}y \quad (4\text{-}63)$$

令

$$\alpha_1-\int_{-a}^{a}\int_{-b}^{b}\nabla^4 f\cdot f\,\mathrm{d}x\,\mathrm{d}y$$

$$\alpha_2=\int_{-a}^{a}\int_{-b}^{b}f\cdot f\,\mathrm{d}x\,\mathrm{d}y,$$

$$\alpha_3=\int_{-a}^{a}\int_{-b}^{b}\nabla^2 f\cdot f\,\mathrm{d}x\,\mathrm{d}y$$

$$\alpha_4 = \int_{-a}^{a}\int_{-b}^{b} f \mathrm{d}x \mathrm{d}y \tag{4-64}$$

则式(4-63)可以写为：

$$p_2 D\alpha_1 \dot{w}_0 + \frac{\lambda p_3}{H}\alpha_2 \dot{w}_0 - \alpha_3 \dot{w}_0 + \alpha_1 w_0 + \frac{\lambda p_2}{H}\alpha_2 w_0 - \alpha_3 w_0 = (q + h\zeta q \nabla^2 w)\alpha_4 \tag{4-65}$$

令

$$g = \frac{p_2 D\alpha_1 + \dfrac{\lambda p_3}{H}\alpha_2 - \alpha_3}{\alpha_1 + \dfrac{\lambda p_2}{H}\alpha_2 - \alpha_3}$$

$$h = \frac{(q + h\zeta q \nabla^2 w)\alpha_4}{\alpha_1 + \dfrac{\lambda p_2}{H}\alpha_2 - \alpha_3} \tag{4-66}$$

则式(4-65)可写为：

$$\dot{w}_0 + g w_0 = h \tag{4-67}$$

其解为：

$$w_0 = \frac{h}{g} + C\exp(-gt) \tag{4-68}$$

式中　C——积分常数。

待定系数的求解如下：

顶板边界为固定边界，其边界条件可描述为：

在 $x = \pm a$ 固定边界上，有：

$$w = 0, \frac{\partial w}{\partial x} = 0 \tag{4-69}$$

在 $y = \pm b$ 固定边界上，有：

$$w = 0, \frac{\partial w}{\partial y} = 0 \tag{4-70}$$

假设挠度公式满足如下解析解：

$$f(x, y) = \frac{(x^2 - a^2)^2 (y^2 - b^2)^2}{a^4 b^4} \tag{4-71}$$

显然，式(4-69)满足所有边界条件，将式(4-69)代入式(4-71)中，通过积分计算可以得到 α_1、α_2、α_3 和 α_4 的数值。

$$\alpha_1 = 20.81\frac{a}{b^3} + 20.81\frac{b}{a^3} + 11.89\frac{1}{ab}$$

$$\alpha_2 = 0.66ab$$

$$\alpha_3 = 5.57a^3b^3 \tag{4-72}$$

$$\alpha_4 = 1.14ab$$

矿柱在初始阶段可发生弹性变形，根据弹性板的弯曲理论，在水平荷载和垂直荷载的共同作用下，其挠度可以用下式来进行描述：

$$D\nabla^4 w + kw = q + h\zeta q\nabla^2 w \tag{4-73}$$

式中　k——矿柱的等效弹性系数。

将式(4-69)代入式(4-73)，采用伽辽金方法进行求解，可得：

$$\int_{-a}^{a}\int_{-b}^{b}(D\nabla^4 w + kw - q - h\zeta q\nabla^2 w)\cdot(x^2-a^2)^2(x^2-b^2)^2\mathrm{d}x\mathrm{d}y = 0 \tag{4-74}$$

将式(4-61)、式(4-69)代入式(4-74)进行积分计算，可得：

$$w_0' = a^5b^5q/225[(-23.4ab^3 + 5.9a^3b^3 - 23.4a^3b)D + 0.66a^5b^5k + 1.97h\zeta q(a^3b^5 + a^5b^3)] \tag{4-75}$$

式中　w_0'——初始状态采空区顶板中心点的弹性位移值。

随着矿柱的流变作用，采空区顶板在边界中点位置出现破坏，顶板固定边界逐渐变成了四边简支的边界，该阶段的变化条件为[79]：

$$w_0 \geqslant \frac{[\sigma_T]a^2h^2}{48D} \tag{4-76}$$

式中　σ_T——顶板岩石的抗拉强度。

由此可根据式(4-68)和式(4-76)求得此阶段的持续时间。

此时的边界条件为：

在 $x=\pm a$ 固定边界上，有：

$$w=0,\frac{\partial^2 w}{\partial x^2}=0$$

在 $y=\pm b$ 固定边界上，有：

$$w=0,\frac{\partial^2 w}{\partial y^2}=0$$

此时，假设挠度的近似解为：

$$f(x,y)=\cos\frac{\pi x}{2a}\cos\frac{\pi y}{2b} \tag{4-77}$$

显然，式(4-77)满足所有边界条件，将式(4-77)代入式(4-64)中，通过积分计算可以得到此阶段的 α_1、α_2、α_3 和 α_4 的数值。

$$\alpha_1=(\frac{a}{16b^3}+\frac{b}{16a^3}+\frac{1}{16ab})\pi^4$$

$$\alpha_2=ab$$

$$\alpha_3=-(\frac{1}{8a}+\frac{1}{8b})\pi^2 \tag{4-78}$$

$$\alpha_4=\frac{qab}{\pi^2}$$

此时，边界条件为：

在 $x=\pm a$ 固定边界上，有：

$$w=0,\frac{\partial^2 w}{\partial x^2}=0 \tag{4-79}$$

在 $y=\pm b$ 固定边界上，有：

$$w=0,\frac{\partial^2 w}{\partial y^2}=0 \tag{4-80}$$

此时的破坏条件为[79]：

$$\sigma_{x\max}=\frac{3\pi^2 D}{2h^2}(\frac{1}{a^2}+\frac{v}{b^2})w_0(t_0)\geqslant[\sigma_{\mathrm{T}}]$$

$$\sigma_{y\max}=\frac{3\pi^2 D}{2h^2}(\frac{v}{a^2}+\frac{1}{b^2})w_0(t_0)\geqslant[\sigma_{\mathrm{T}}] \tag{4-81}$$

由此可根据式(4-68)和式(4-81)求得此阶段的持续时间。

3. 枣木高速公路下伏采空区稳定时间预测

枣木高速公路下伏煤矿开采区域中，$3^{\#}$煤层开采厚度在 1.3～13.0 m 之间变化，大部分区域的开采厚度为 3～8 m 之间。煤层倾斜方向为东南方向，倾角 22°，煤层倾角局部在变化在 23°～26°之间变化，其倾斜在水平面投影长度为 1 000 m 左右。结合探测结论通过室内试验确定最终确定计算参数如下：埋深 80 m，上覆冲积层厚度为 29 m，重度为 17.0 kN/m^3，基岩厚度为 51 m，重度为 25.5 kN/m^3，抗拉强度平均值为 3.0 MPa，弹性模量平均值为 42.2 GPa，泊松比为 0.26，残留矿柱的横截面积之和为顶板面积的 40%，煤柱的高度为 4.5 m。

对煤柱进行了取样，采用 TAW2000 型岩石三轴试验机对煤岩进行了室内试验，获得其力学参数为：单轴抗压强度为 12.85 MPa，抗拉强度为 1.41 MPa，黏聚力为 4.35 MPa，内摩擦角为 42°，弹性模量为 3.0 GPa，泊松比为 0.3，煤岩的蠕变参数 $k_1=E_0A=152$ GPa，$k_2=E_1A=10.0$ GPa，$\eta_1=70$ GPa · h。

垂直方向荷载为：

$$q=2.6\ (\mathrm{MPa})$$

水平方向荷载为：

$$\sigma_x = \sigma_y = \zeta q = \frac{\mu}{1-\mu} q = 1.1 \text{ (MPa)}$$

采空区顶板岩层的抗弯刚度为：

$$D = \frac{Eh^3}{12(1-\mu^2)} = 0.22 \times 10^6 \text{ (GPa·m}^3\text{)}$$

初始阶段变形为：

$$\begin{aligned} w_0{}' &= a^5 b^5 q / 225[(-23.4ab^3 + 5.9a^3b^3 - 23.4a^3b)D + \\ &\quad 0.66a^5b^5k + 1.97h\zeta q(a^3b^5 + a^5b^3)] \\ &= 0.011 \text{ (cm)} \end{aligned}$$

将 $w_0{}'$ 数值代入公式，可求得积分常数的值为－2.6。

根据公式可知：

对于长边，

$$w_{a0} \geqslant \frac{[\sigma_T] b^2 h^2}{48D} = 0.09 \text{ (cm)}$$

对于短边，

$$w_{b0} \geqslant \frac{[\sigma_T] a^2 h^2}{48D} = 0.18 \text{ (cm)}$$

将 C、w_{a0}、w_{b0} 的数值代入公式，可以求出：

$$t_1 \approx 24 \text{ 个月}$$

同理，根据公式，当边界破裂导致破坏时，进行计算，可得：

$$t_2 \approx 27 \text{ 个月}$$

$$t = t_1 + t_2 = 51 \text{ 个月}$$

基于弹性板理论和流变力学原理，研究多向荷载作用下采空区顶板-矿柱体系的稳定性，得到如下结论：

(1) 针对目前大多数采空区顶板-矿柱体系的力学模型仅考虑垂直荷载作用的局限性，将采空区顶板简化为弹性薄板，将矿柱简化为满足 Kelvin-Voigt 模型的黏弹性体，建立了多向荷载作用下采空区顶板-矿柱体系流变力学模型。

(2) 采用建立的多向荷载作用下矿柱-顶板流变力学模型，对枣木高速公路下伏采空区稳定时间进行预测，稳定时间将持续 51 个月便发生破坏，而从现场监测数据来看地表沉陷变形也是逐渐增加，采空区处于蠕变变形阶段，验证了该力学模型应用于采空区稳定时间预测的可靠性。

4.6 本章小结

(1) 对采空区失稳的根本原因进行了分析,并详细介绍了采空区稳定性分析的基本原理以及目前常用的分析方法,并对各个分析方法适用情况及优缺点进行了总结。

(2) 针对目前大多数采空区顶板-矿柱体系的力学模型仅考虑垂直荷载作用的局限性,将采空区顶板简化为弹性板,将矿柱简化为满足 Kelvin-Voigt 模型的黏弹性体,建立了复杂荷载条件下采空区顶板-矿柱体系流变力学模型,由现场监测数据证明采空区处于蠕变变形阶段,验证了该力学模型应用于采空区稳定时间预测的可靠性。

(3) 基于前述物探结论,利用建立的采空区顶板-矿柱体系的力学模型对枣木高速公路下伏采空区稳定时间进行了预测,稳定时间为 51 个月,利用概率积分法预测该采空区还会有最大残余下沉值 402 mm。因此,必须对该采空区进行治理。

第 5 章　下伏采空区对地表高速公路影响分析

5.1　有限元方法及 ADINA 软件介绍

5.1.1　有限元方法

有限元理论以其独有的适用条件在岩土工程领域得以广泛应用，它可以处理几乎任意复杂的边界条件、介质的各种非线性特征以及复杂的加载形式等。在许多工程问题中应用线弹性理论进行处理已可达到工程上的精度要求，但对大部分岩土工程问题，仅用线弹性理论计算是不合适的，此时需要考虑岩土体的非线性特征。非线性问题可以分为两大类，即几何非线性和材料的非线性。几何非线性问题即大位移问题，其特点在于不允许忽略位移导致的几何形状改变对平衡状态的影响。在矿山工作中关于岩层的移动、沉陷以及考查采空区顶板下沉规律等问题时常涉及大变形的几何非线性问题。材料的非线性是指材料的物理性质是非线性的，岩石及土的弹-塑性性质、流变性质及温度有关的材料性态的变化均属材料非线性问题。因此，对岩土工程问题进行非线性有限元分析是十分必要的。虽然理论比较成熟，应用也很广泛，但得到的仍然是近似解。

5.1.2　ADINA 软件介绍

ADINA 软件是美国 ADINA R&D 公司的产品，是基于有限元技术的大型通用分析仿真平台。其系统是一个单机系统的程序，用于进行固体、结构、流体以及结构相互作用的流体流动的复杂有限元分析。ADINA 用户界面程序为所有 ADINA 子程序提供了完整的预处理和后处理功能，它为建模和后处理的所有任务提供了一个完全交互式的图形用户界面。与其他有限元分析软件相比，它有以下特点：

(1) 模型的几何图形可直接创建，或者从多种 CAD 系统中引入，包括从 Pro/ENGINEER 和基于 Parasolid 系统 CAD 引入的固体模型(如：Unigraphics 和 SolidWorks)；

(2) 物理特性、载荷和边界条件可直接分配到模型的几何图形上，因此有限元网格得到修改，不受模型清晰度的影响；

(3) 普通的几何图形上可使用全自动网格生成，它可灵活控制单元大小分布，而映射网格划分可用于更简单的几何图形；

(4) 在模型创建期间，对话文件 Session 会记录用户的输入和选取值。通过播放对话文件可以重新创建一个完整的模型，同时还可以修改对话文件创建一个不同的模型。

ADINA 程序具有以下分析功能：有效的线性分析、小型和大型的变形、大型应变、弹塑性、徐变分析，包括热效果、屈曲和后屈曲分析、静力学和动力学中的接触问题、大型系统的迭代算法、用于所有分析的高效却稀少的算法、静力学和动力学的子结构分析、分析过程中可增减单元、线性化的屈曲分析等。

5.2 “等效充填折减”采空区数值模拟方法

随着计算机技术迅猛发展，基于数值模拟仿真手段对工程实际问题进行数值计算得到了广泛应用。而数值模拟方法中往往存在一些问题，如模型的建立简化过于简单化而导致与实际工程不符，计算结果也大相径庭。若建立模型中过于复杂的考虑实际问题而大大增加模型约束限制条件，仿真计算中却往往难以得到收敛的结果。因此，数值模拟中如何对于模型进行必要简化，或对于实际问题进行适当处理是非常重要的。

采空区稳定性模拟中往往会遇到采空区几何尺寸不清、采空区充填程度及顶板管理方法不能准确掌握的情况。尤其是高速公路下伏采空区中，想要得到采空区详细资料越发困难。要解决这些问题，首先要有准确的探测资料(第 2 章已研究)，提出针对不同充填程度进行模拟的方法。

5.2.1 “等效充填折减”模拟思想

数值模拟过程中采空区充填状态及充填程度不同，其残余变形对高速公路稳定性影响也会有较大差异。研究采空区对地表产生的残余变形，可将其充填半充填状态等效成为抗压不抗拉的等效充填体来进行模拟，该充填体为各向同性均匀连续体，均匀弥散于采空区内部，以该“等效充填折减”思想对采空区进行数值模拟。材料参数确定依据相应规则进行参数折减，下面对折减理论基础及具体方法进行详细介绍。

5.2.2 “等效充填折减”理论基础

1. 强度折减法

材料参数强度折减法在边坡稳定性分析中最为常用，具体方法针对土体抗剪强度 C 和 φ 值进行折减，以新的抗剪强度指标引入计算模型中，以计算模型收敛性临界状态为研究对象，判断模型稳定性或计算安全系数等。具体如下：

将土体的抗剪强度指标 C 和 φ，用一个折减系数 F_s，如式(5-1)和(5-2) 所示的形式进行折减，然后用折减后的虚拟抗剪强度指标 C_F 和 φ_F，取代原来的抗剪强度指标 C 和 φ，如式(5-3)所示。

$$C_F = C/F_s \tag{5-1}$$

$$\varphi_F = \tan^{-1}[(\tan\varphi)/F_s] \tag{5-2}$$

$$\tau_{fF} = C_F + \sigma\tan\varphi_F \tag{5-3}$$

式中　C_F——折减后土体虚拟的黏聚力；

φ_F——折减后土体虚拟的内摩擦角；

τ_{fF}——折减后的抗剪强度。

折减系数 F_s 的初始值取得足够小，以保证开始时是一个近乎弹性的问题。然后不断增加 F_s 的值，折减后的抗剪强度指标逐步减小，直到某一个折减抗剪强度下模型发生失稳，那么在发生整体失稳之前的那个折减系数值，即模型的实际抗剪强度指标与发生虚拟破坏时折减强度指标的比值，即为稳定安全系数。

2. 材料损伤理论

材料损伤理论认为固体材料的渐进破坏损伤表现为微观结构累积变化的过程，微观裂隙开展破坏导致材料强度、刚度以及稳定性等相关力学性能的降低。而描述这一损伤过程，则需对材料损伤进行等效性假设，具体假设如下[86-87]。

(1) 应变假设

Lemaitre 的应变假设认为，材料受损状态的应变与无损状态的应变是等效的，一维状态下，用胡克定律将该应力应变关系表示为：

真实损伤状态下：

$$\varepsilon = \frac{\sigma}{\bar{E}} \tag{5-4}$$

虚拟损伤状态下：

$$\varepsilon = \frac{\bar{\sigma}}{E} \tag{5-5}$$

联立则有：

$$\bar{\sigma} = \frac{E}{\bar{E}}\sigma \tag{5-6}$$

式中 ε ——材料应变；

σ ——有效应力，MPa；

E ——无损刚度张量，MPa；

$\bar{E}$ ——有效刚度张量，MPa。

(2) 荷载假设

Rabotnov 的等效荷载假设中考虑在材料受拉伸中，横截面面积从无损时面积 S 转变为有效承载面积 $\bar{S}$，其关系表示为：

$$\sigma_0 = \frac{F}{S_0} \tag{5-7}$$

$$\sigma = \frac{F}{S_0} \tag{5-8}$$

$$\bar{\sigma} = \frac{F}{\bar{S}_0} \tag{5-9}$$

式中 F——试件受拉外荷载，kN；

$\bar{\sigma}$——有效应力，kPa；

σ——无损时应力，kPa。

在外荷载不变情况下有：

$$F = \sigma \times S = \bar{\sigma} \times \bar{S} \tag{5-10}$$

将 $\bar{\sigma}$ 用 σ 表示为：

$$\bar{\sigma} = \frac{S}{\bar{S}} \times \sigma = \frac{\sigma}{\psi} \tag{5-11}$$

式中 ψ——连续性因子。

3. 应力假设

借鉴于应变假设，真实应变与受损材料应变下应力等效。对于一维情况下，将其关系表示为：

损伤状态下：

$$\sigma = \bar{E} \times \varepsilon \tag{5-12}$$

无损状态下：

$$\sigma = E \times \bar{\varepsilon} \tag{5-13}$$

联立则有：

$$\bar{\varepsilon} = \frac{E}{\bar{E}} \times \varepsilon \tag{5-14}$$

用连续性因子表示为：

$$\bar{\varepsilon} = \psi \times \varepsilon \tag{5-15}$$

5.2.3 “等效充填折减”采空区模型建立

依据前述方法假设连续性因子 ψ，具体表示为：

$$\psi = 1 - \frac{V'}{V} \tag{5-16}$$

式中 V'——采空区未被充填体积，m^3；

V——原采空区开采体积，m^3。

按照前述围岩连续性假设，将采空区相关材料参数借助连续性因子 ψ 进行如下折减：

$$\gamma_k = \psi \times \gamma \tag{5-17}$$

$$\varphi_k = \psi \times \arctan \varphi \tag{5-18}$$

$$E_k = \psi \times E \tag{5-19}$$

$$C_k = \psi \times C \tag{5-20}$$

$$\nu_k = \nu + (0.5 - \nu)\psi \tag{5-21}$$

式中 γ_k——等效充填采空区折减后重度，kN/m^3；

φ_k——等效充填采空区折减后内摩擦角，(°)；

E_k——等效充填采空区折减后变形模量，kPa；

C_k——等效充填采空区折减后黏聚力，kPa；

ν_k——等效充填采空区折减后泊松比。

5.3 枣木高速公路下伏采空区数值模拟

5.3.1 关于采空区计算模型的选择

1. 岩体力学模型

弹塑性模型是把总的变形分为弹性变形和塑性变形两个部分。用胡克定律来计算弹性部分,用塑性理论来解释塑性变形部分。

弹性模型：

$$\{\sigma\}=[\boldsymbol{D}]\{\varepsilon\} \tag{5-22}$$

式中 $\{\sigma\}$——应力增量；

$\{\varepsilon\}$——应变增量；

$[\boldsymbol{D}]$——弹性矩阵。

弹塑性模型：

土体在各种应力状态下都具有塑性变形。土体的非线性分为物理非线性和几何非线性。Mohr-Coulomb 弹塑性模型经常被应用到土体材料的模拟中。

破坏函数 $f^*(\sigma_{ij})$在主应力空间内代表曲面-破坏面。若表示应力状态的点落在破坏面内,材料不破坏,若落在破坏面上,则材料破坏。

Mohr-Coulomb 屈服准则适合于描述岩土材料本构关系特性,该材料模型具体表达式如下：

$$\tau_{\mathrm{n}}=C-\sigma_{\mathrm{n}}\tan\varphi \tag{5-23}$$

式中 τ_{n}——极限抗剪强度,kPa；

σ_{n}——剪切面上的法向应力(拉为正),kPa；

C——岩土的黏聚力,kPa；

φ——岩土的内摩擦角,(°)。

Mohr-Coulomb 屈服函数为：

$$F=p\sin\varphi+\frac{q}{\sqrt{3}}\left[\cos\theta-\frac{1}{\sqrt{3}}\sin\theta\sin\varphi\right]-C\cdot\cos\varphi \tag{5-24}$$

式中 $p=\sigma_{\mathrm{m}}$；

$q=\sqrt{3J_2}$；

θ 由方程 $\sin 3\theta=\dfrac{3\sqrt{3}}{2}\dfrac{J_3}{(J_2)^{\frac{3}{2}}}$ 决定。

2. 荷载模型

采空区模型初始模量以及初始的应力条件均由初始应力场所提供，对于半无限空间体可近似看成在任意竖直面和水平面上不存在剪应力，可以将初始地应力场直接表示成深度的函数来进行计算模拟，具体如式(5-25)：

$$\{\sigma_0\}=\begin{Bmatrix}\sigma_x^0\\ \sigma_z^0\\ \tau_{xz}^0\end{Bmatrix}=\begin{Bmatrix}K_0\gamma z\\ \gamma z\\ 0\end{Bmatrix} \tag{5-25}$$

式中　$\{\sigma_0\}$——初始地应力，MPa；

γ——土的重度，kN/m^3；

z——从地面开始至计算点的深度，m；

K_0——土的侧压力系数。

3. 模型约束条件及参数的确定

本书采用有限元软件 ADINA 对高速公路下伏采空区进行模拟，该模拟针对采空区的残余变形规律以及残余变形对高速公路的影响进行研究。该模拟中所采用的参数均取自于枣木高速公路下伏采空区实际试验数据，如表 5-1 所示。采用有限元软件 ADINA 进行 3D 分析，根据模拟对象建立有限元分析模型[88]，如图 5-1 所示。土体均采用 Mohr-Coulomb 材料模型进行模拟，充填体选用弹性材料进行模拟，具体配比对应的弹性模量、密度及泊松比均由室内试验确定。模型侧面采用水平约束，底面采用固定约束，地表及高速公路采用自有约束。模型长、宽、高尺寸为 600 m×300 m×145.3 m，模型层结构从上往下依次为公路路基，表土层，强风化泥岩、砂岩层，弱风化泥岩、砂岩层，弱风化砂岩，弱风化砂岩、煤。

表 5-1　计算参数

分层名称	弹性模量 E/GPa	内摩擦角 φ/(°)	密度 D/(kg/m^3)	黏聚力 C/MPa	泊松比 ν	厚度 H/m
土层	0.1	45	1 700	0.60	0.30	14.6
强风化泥岩、砂岩(主要为泥岩)	11.0	46	2 580	2.28	0.27	14.4
强风化泥岩、砂岩(主要为砂岩)	40.0	43	2 540	4.68	0.26	30.3
弱风化砂岩	43.4	41	2 600	9.60	0.25	50.0
弱风化砂岩、煤	3.0	44	2 350	2.28	0.30	170.0

图 5-1　有限元分析模型

边界约束条件条件的处理：地表面自由约束；模型前、后、左、右面为水平向约束，竖向位移不约束；模型底部选用固定约束，即水平与竖向位移均约束。

采空区内部参数的确定：模拟采用的参数考虑垮落带、裂隙带和弯曲变形带岩体的特征。具体参数依据现场打钻取样后进行室内试验确定。对于半充填采空区内部采用“等效充填折减法”进行模拟分析。

5.3.2　模拟结果分析

由图 5-2 和图 5-3 可见，采空区残余变形对地表水平位移影响较大，X 向水平位移导致高速公路路基横向扭曲变形，Y 向水平位移导致高速公路路基纵向凹陷，影响范围较大，且该向位移具有明显不对称性，这与采空区倾斜角度有关。

如图 5-4 所示，从地表残余位移图中可以看出，地表的最大残余变形为 400 mm。下山部分的下沉曲线比上山部分的下沉曲线要陡，这也充分体现了煤层向东及东南倾斜、最大下沉点偏向于下山方向的采煤沉陷特点。由于采空区三维模型内部变形不能直观显现，因此沿着高速公路纵向提取其模型剖面，如图 5-5 所示，残余变形主要集中在岩体内部，内部围岩变形带动地表变形。

提取地表移动数据，绘制曲线如图 5-6 所示。地表残余沉陷变形达 400 mm，地表残余水平移动值也较大，且残余变形的影响范围仍达到 600 m 范

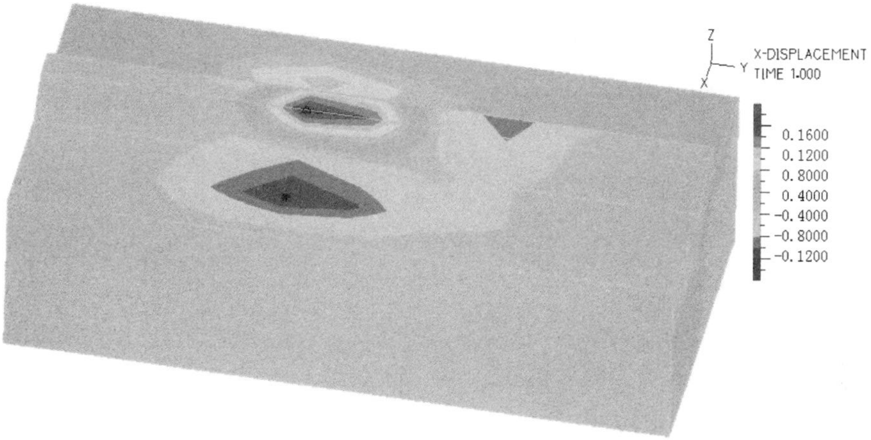

图 5-2　*X* 向水平位移

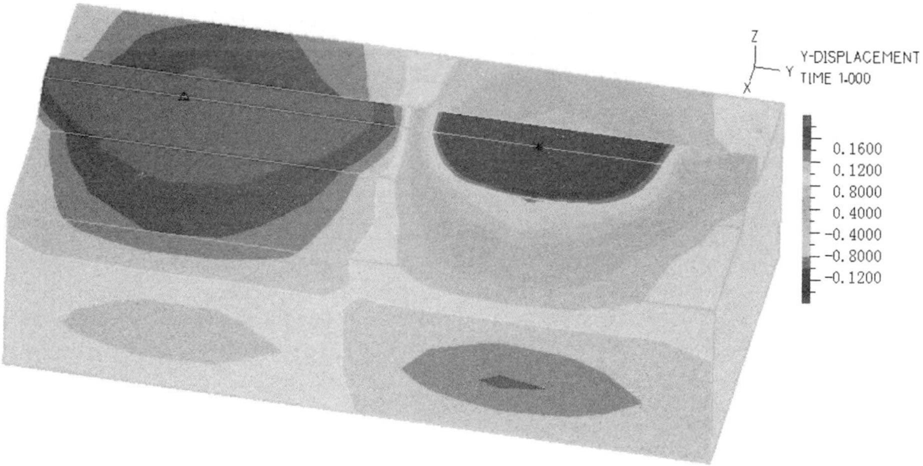

图 5-3　*Y* 向水平位移

围，无论是对地表高速公路还是后续拟建桥梁均具有很大安全威胁，必须进行治理。

将概率积分法预测结果与模拟预测结果进行对比，模拟值为 400 mm，概率积分计算值为 402 mm，下沉结果比较相近，经前述原位监测变形量对比验证，计算模型较为可靠。

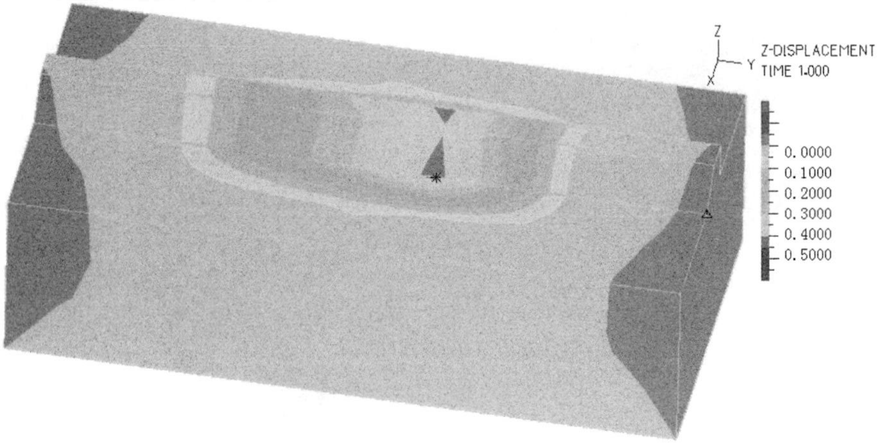

图 5-4　Z 向位移

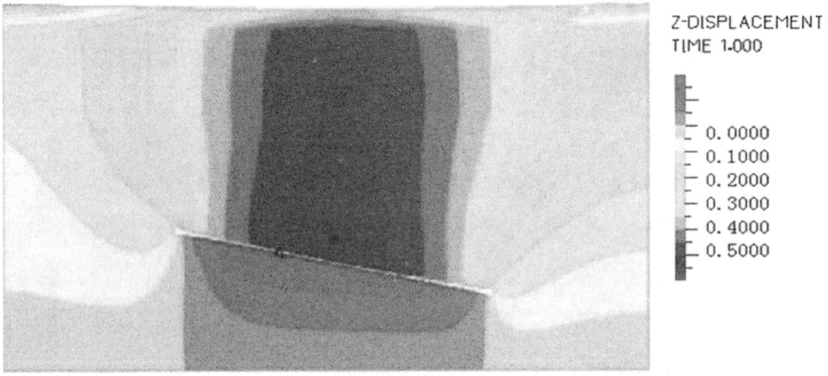

图 5-5　剖面竖向位移

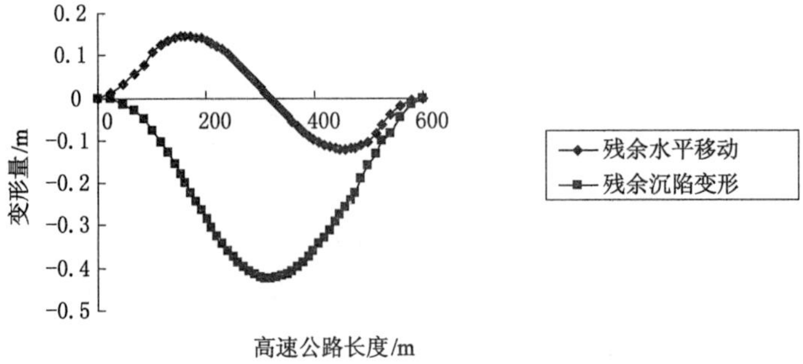

图 5-6　高速公路中心线移动和变形曲线

5.4　采空区对高速公路影响的数值模拟

具体模拟分析方案如下：

(1) 采空区与高速公路空间异面相交；

(2) 采空区与高速公路走向相同时，采空区倾角影响；

(3) 采空区与高速公路走向相同时，采空区内部充填程度影响；

(4) 采空区与高速公路走向相同时，深厚比因素影响；

(5) 采空区空洞尺寸对自身稳定性影响。

5.4.1　采空区与高速公路空间位置影响

对比模型：方案一，采空区和高速公路异面相交（二者所在平面平行且投影交角 30°）；方案二，采空区沿着高速公路（二者走向相同且水平）。方案一与方案二水平位移云图 5-7 所示，方案一对于高速公路影响无论从范围上还是从位移量上都要小于方案二，方案一对于地表周边影响范围较大，而方案二不但对路基产生影响，也对于路基周边影响较大。

竖向位移如图 5-8 所示，可以看出方案二对于高速公路沉降影响范围非常大，方案一相对于方案二沉降影响范围要小得多。

高速公路下伏采空区的残余变形引起的沉降和水平位移云图如图 5-9 和图 5-10 所示。可见方案一高速公路受到采空区残余沉降变形影响要小于方案二，并且沉降范围在高速公路中心产生的“盆底”范围也要小于方案二，就面积来看后者大致是前者的 1.5 倍左右，残余水平位移影响方案二也要大于方案一。通过曲线图 5-11 和图 5-12 对比可以看出，方案一的残余沉降对高速公路影响形成的曲线特点为上山方向陡于下山方向，曲线拐点呈现不对称性，而方案二的曲线拐点则呈现明显的对称性。因此可以得出规律：当只考虑交角因素时，方案一对应的残余下沉数值及范围要小于方案二的情况，方案一情况下其残余沉陷曲线与水平位移也呈现明显向倾向主断面变形曲线的特点，只是数值要小。因此，高速公路与采空区相互作用中，二者空间位置关系对于地表变形影响较大。

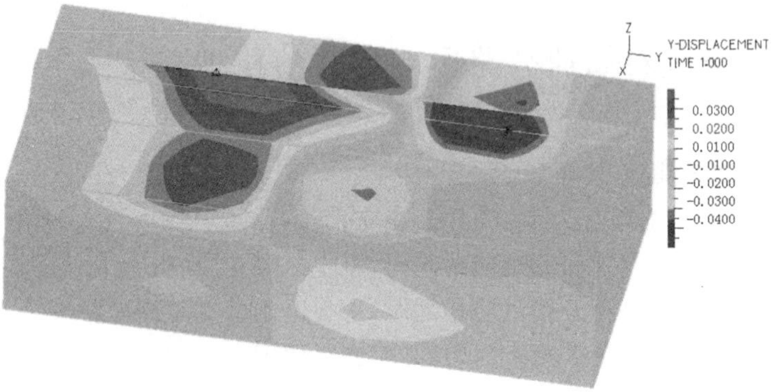

(a) 方案一

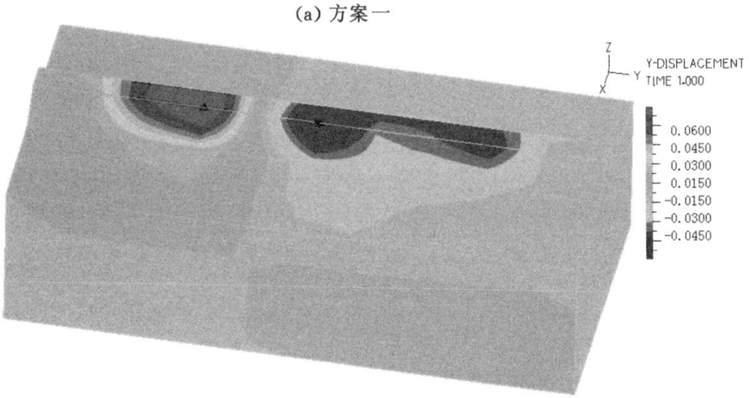

(b) 方案二

图 5-7　水平位移

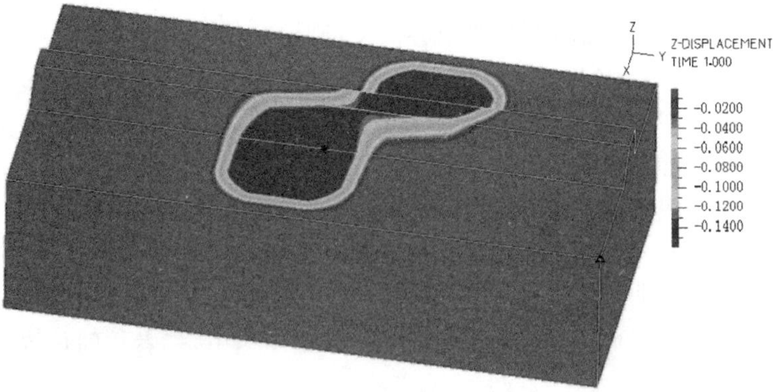

(a) 方案一

图 5-8　竖向位移

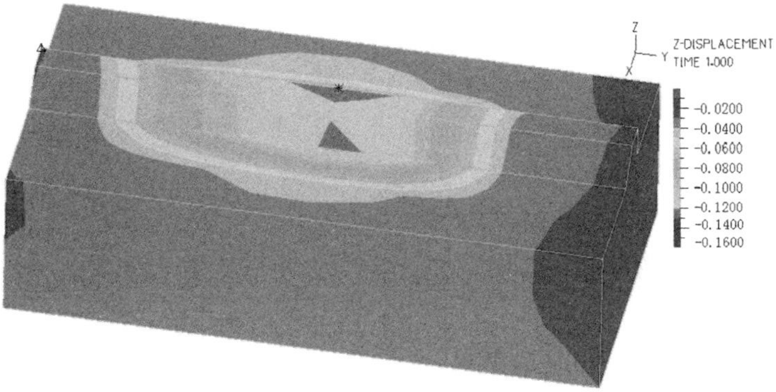

(b) 方案二

图 5-8(续)

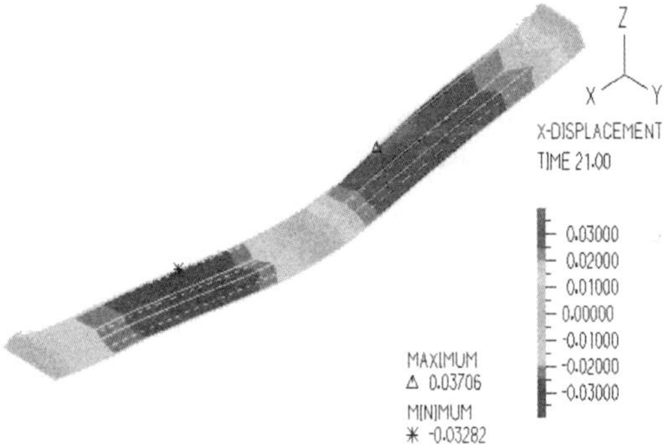

(a) 方案一

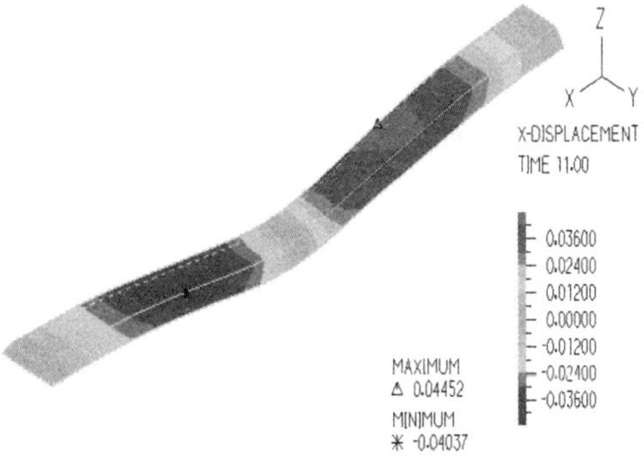

(b) 方案二

图 5-9　残余水平位移对高速公路中心线影响

（a）方案一

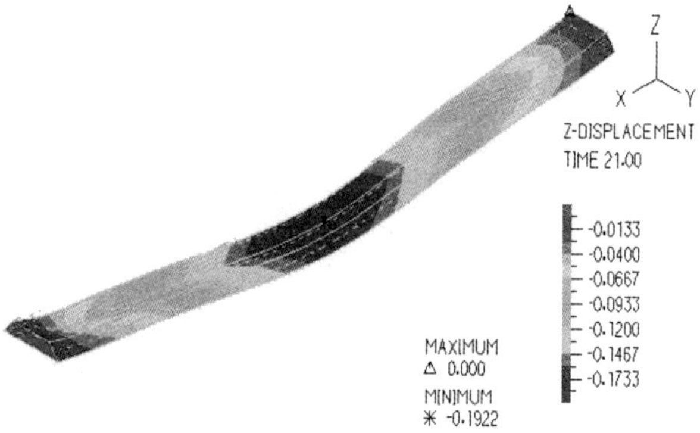

（b）方案二

图 5-10　残余沉降对高速公路中心线影响

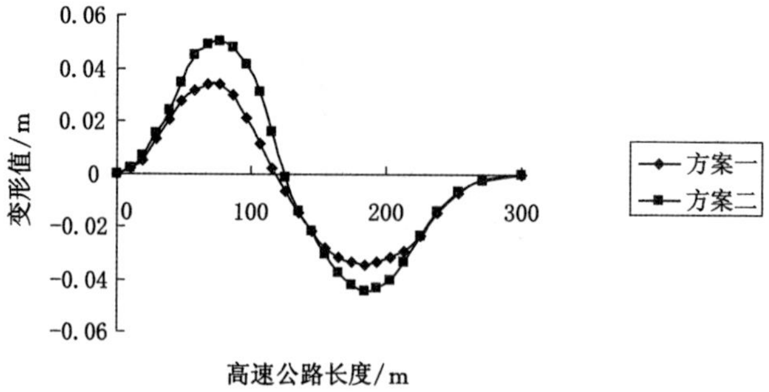

图 5-11　残余水平移动对高速公路中心线影响曲线

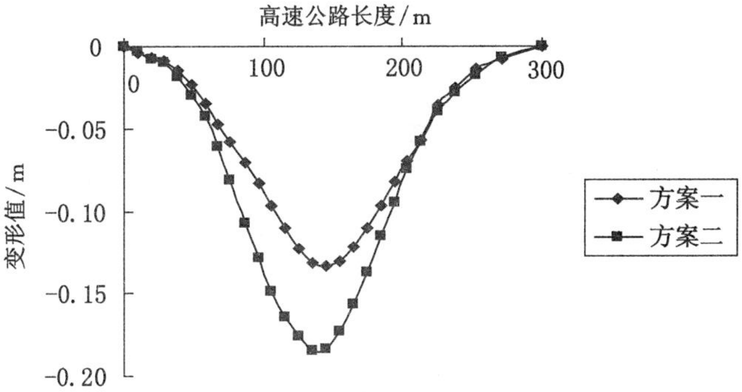

图5-12 残余沉降对高速公路中心线影响曲线

5.4.2 下伏采空区倾角对高速公路影响

采空区与高速公路走向相同时，分析采空区倾斜角度分别为15°、45°、60°，高速公路为水平情况下，采空区塌陷对高速公路影响。水平位移云图如图5-13所示，其对高速公路影响范围随着角度增加越来越小，对地表总体影响范围也越来越小，由于采空区角度的影响，水平位移云图呈现不对称性。

竖向位移云图如图5-14所示，随着采空区倾角增大对于地表影响范围越来越小，对于高速公路路基影响也越来越小，沉陷值也随着倾角的增加变小。

提取高速公路中心线变形数据绘制曲线图，如图5-15和图5-16所示，随着采空区倾角不断增大，高速公路的残余沉降变形以及水平位移呈逐渐减小趋势，变形及位移影响范围也逐渐减小。原因在于采空区处于充填半充填状态，残余

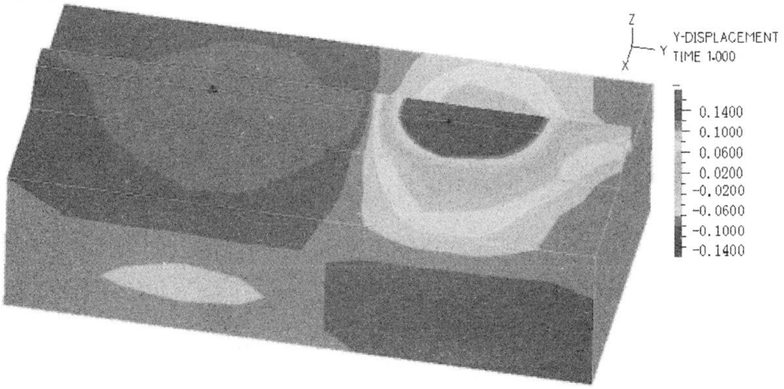

(a) 倾角15°

图5-13 倾角影响下的水平位移

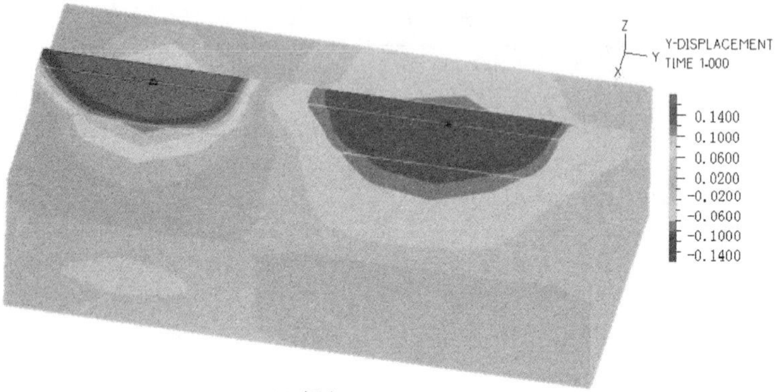

(b) 倾角 45°

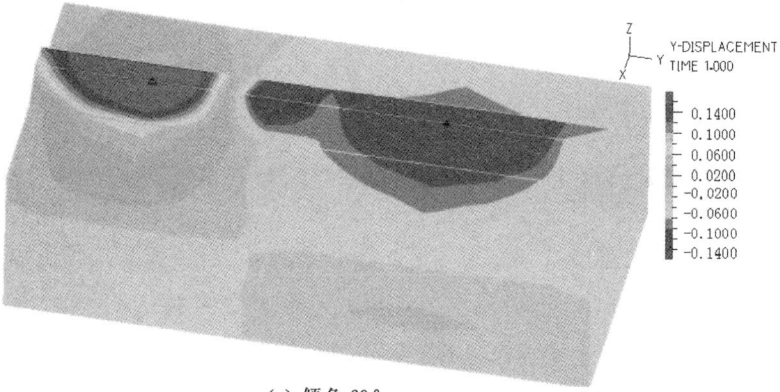

(c) 倾角 60°

图 5-13(续)

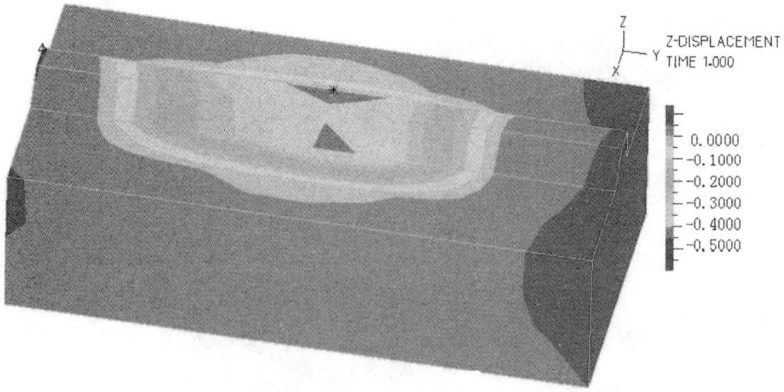

(a) 倾角 15°

图 5-14　倾角影响下的竖向位移

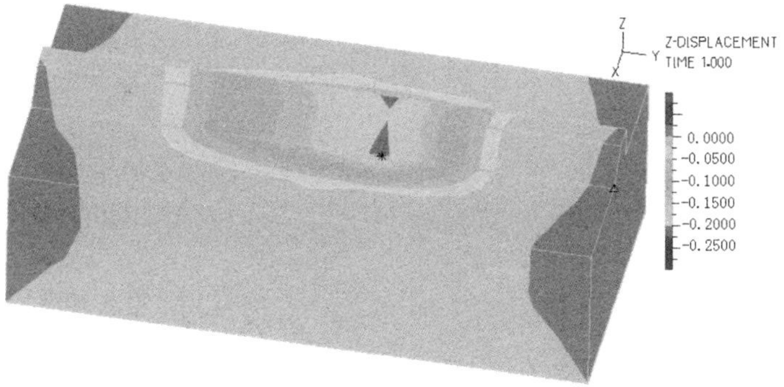

(b) 倾角 45°

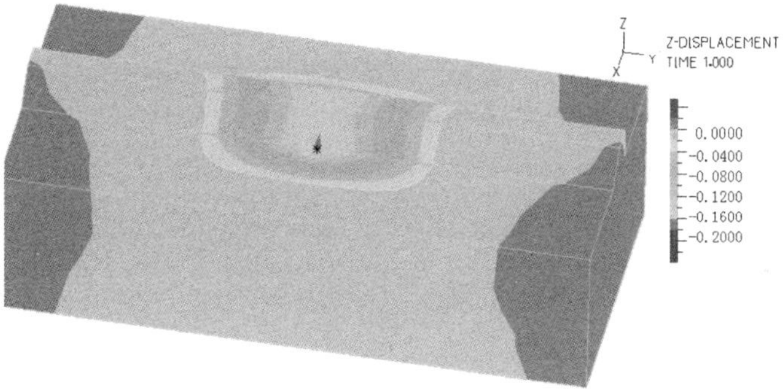

(c) 倾角 60°

图 5-14(续)

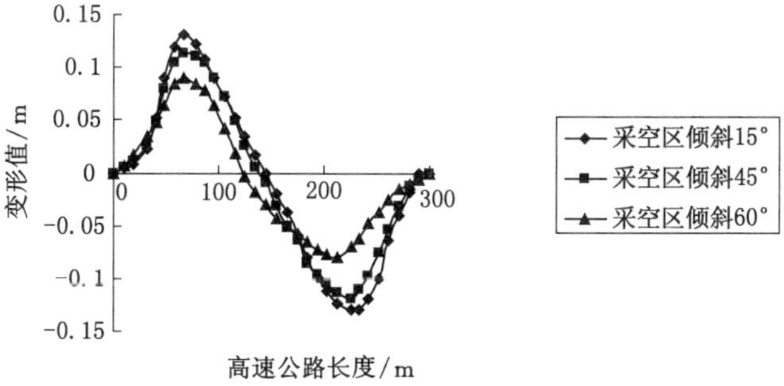

图 5-15　高速公路中心线上产生的残余水平移动曲线

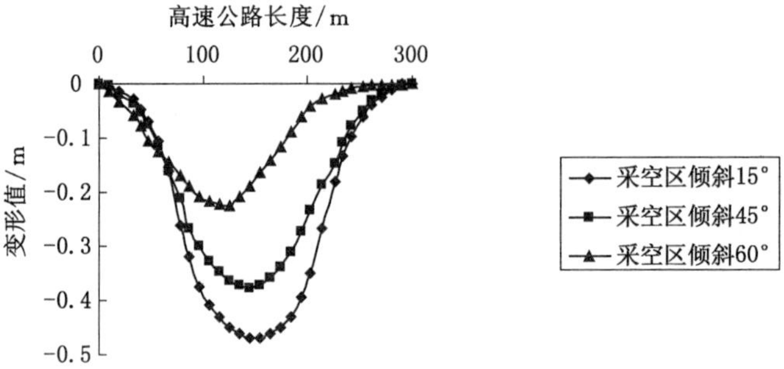

图 5-16 高速公路中心线上产生的残余沉降变形曲线

变形量较小，所以随着采空区倾角的增大，只有下沉曲线呈现出最大下沉点偏于下山方向，最大水平位移基本维持在最大下沉值的 30%～40%，表明采空区倾角对高速公路变形产生的影响不太明显。

5.4.3 下伏采空区深厚比对高速公路的影响

采空区与高速公路走向相同时，模拟深厚比 20、30、40、50、60 的情况，取后三种情况对应方案分别为方案一、方案二、方案三。地表水平移动曲线与残余沉降影响云图如图 5-17 和图 5-18 所示，曲线如图 5-19 和图 5-20 所示。对于曲线变形的圆滑程度来看，随着深厚比的增加曲线线型越圆滑，其变形影响范围也就越小、变形值也越小。原因在于弯曲带的厚度与采深、采厚直接相关，采厚不变情况下，垮落带及裂隙带的高度基本也趋于一定，而此时弯曲带的厚度就取决于采深，采深越大，则对应的弯曲带厚度就越大，抵御采空区残余变形引起地表变形的能力就越强。

5.4.4 下伏采空区内部充填程度对高速公路影响

采空区与高速公路走向相同时，分析采空区内部不同充填程度情况下对地表高速公路变形的影响，研究采空区对地表产生的残余变形，可将其充填半充填状态等效成为抗压不抗拉的等效充填体来进行模拟，该充填体为各向同性均匀连续体，均匀弥散于采空区内部，以该“等效充填折减”思想对采空区进行数值模拟。模拟中选取填充材料重度 γ 、黏聚力 C、内摩擦角 φ 、弹性模量 E 及泊松比 ν 分别按岩样材料用 ψ 按照前述公式进行折减，ψ 分别为 10%、30%、50%(分别

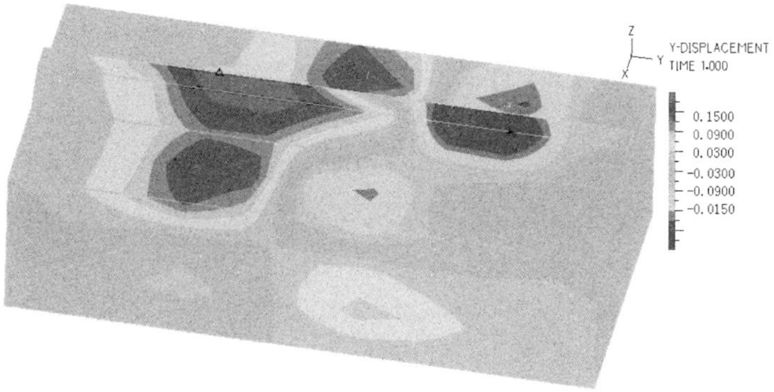

(a) 方案一

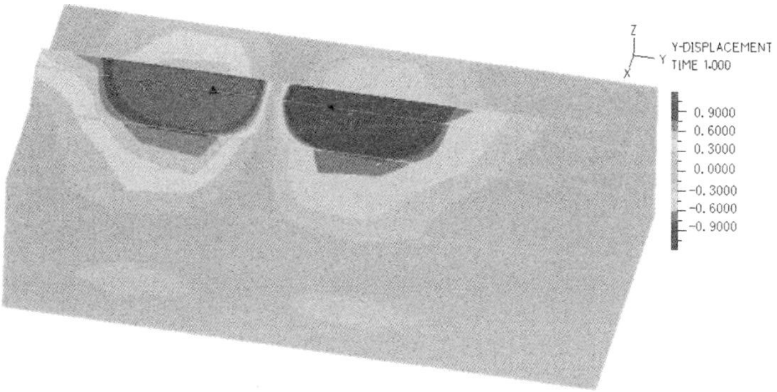

(b) 方案二

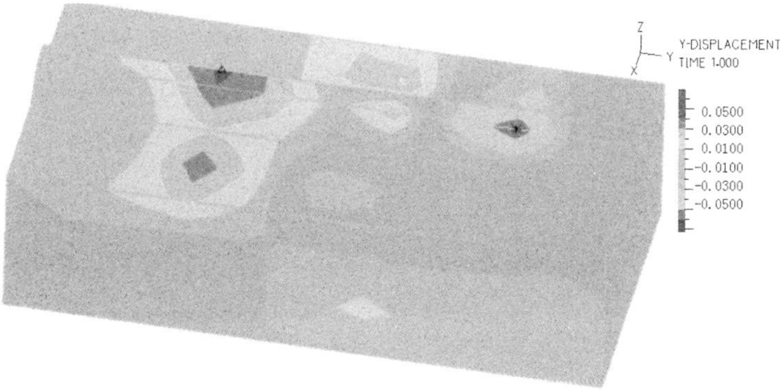

(c) 方案三

图 5-17　深厚比影响下的水平位移

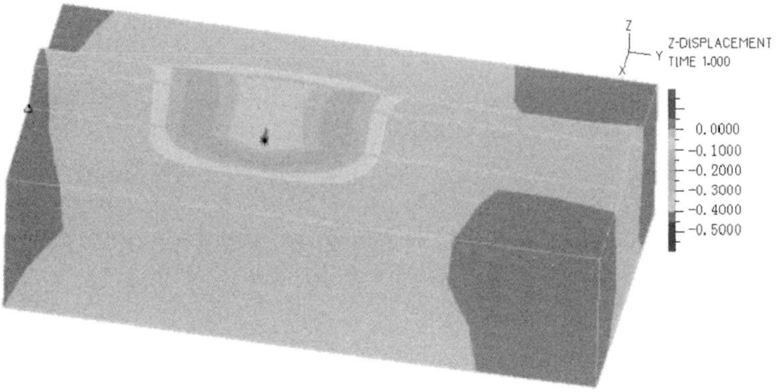

(a) 方案一

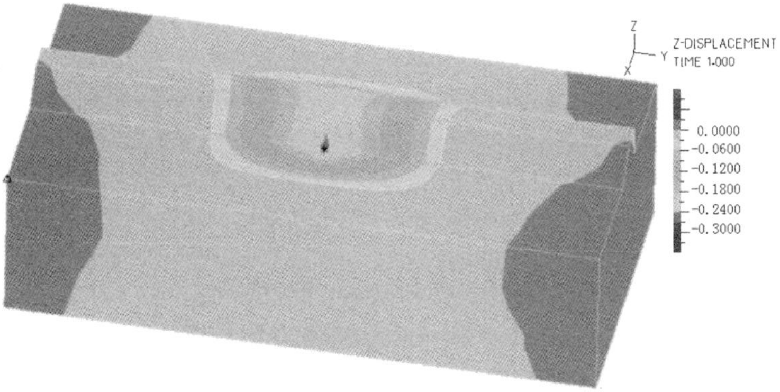

(b) 方案二

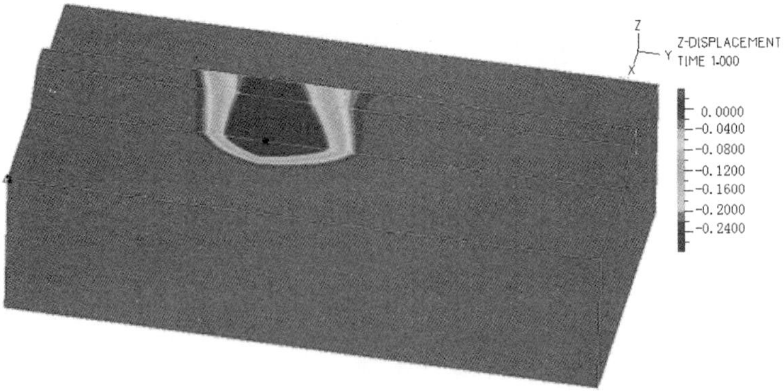

(c) 方案三

图 5-18　深厚比影响下的竖向位移

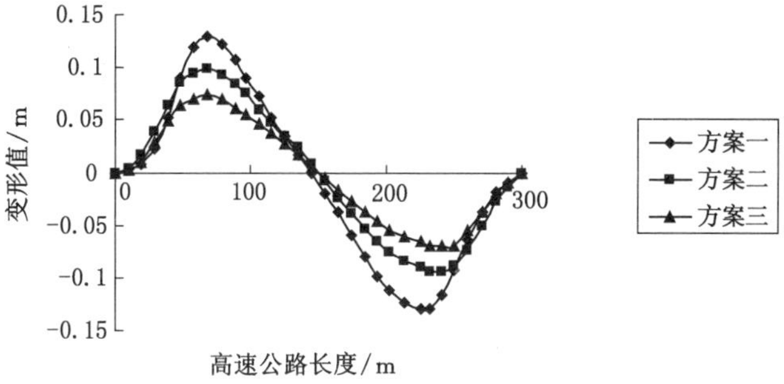

图 5-19　残余水平移动对高速公路中心线影响曲线

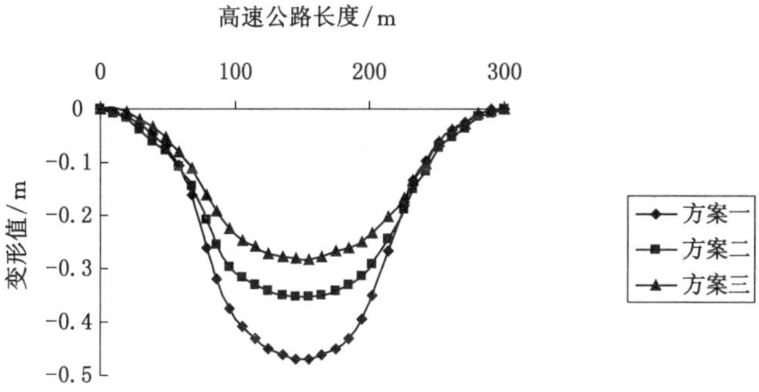

图 5-20　残余沉降变形对高速公路中心线影响曲线

对应方案一、二、三)。充填程度对地表高速公路影响水平位移云图和竖向沉降位移云图如图 5-21 和图 5-22 所示。无论是水平位移还是沉降位移,随着充填程度越高,变形值越小,然而方案一和方案二的变形值却相差不大,这说明低充填效果对于地表位移控制相差不大。

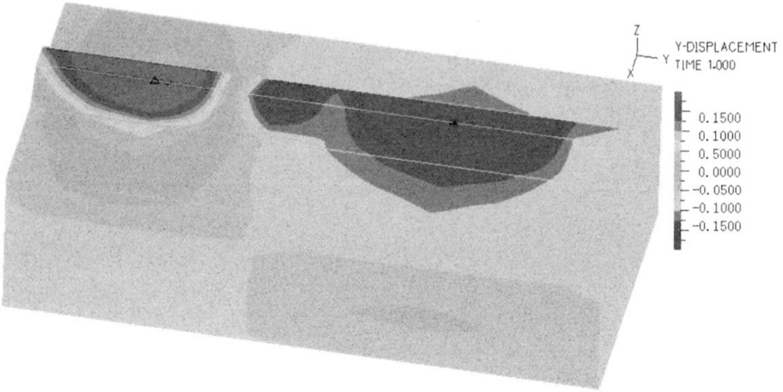

(a) 方案一

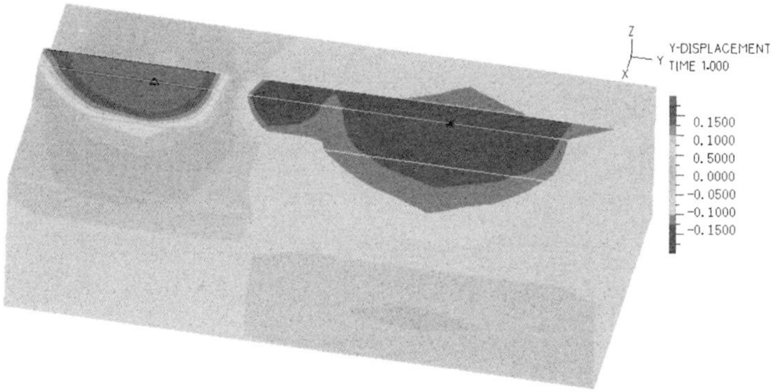

(b) 方案二

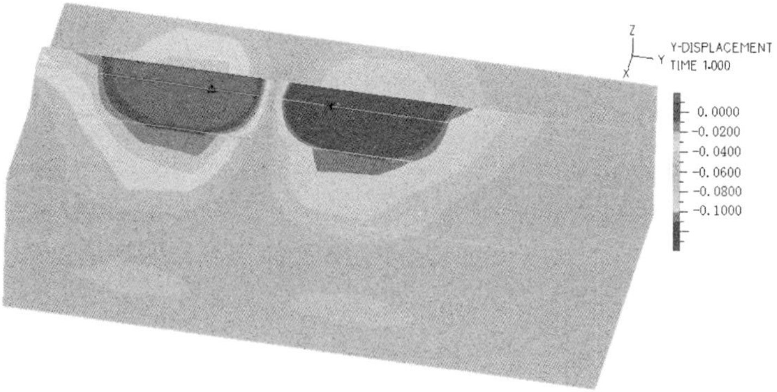

(c) 方案三

图 5-21　充填程度影响下的水平位移

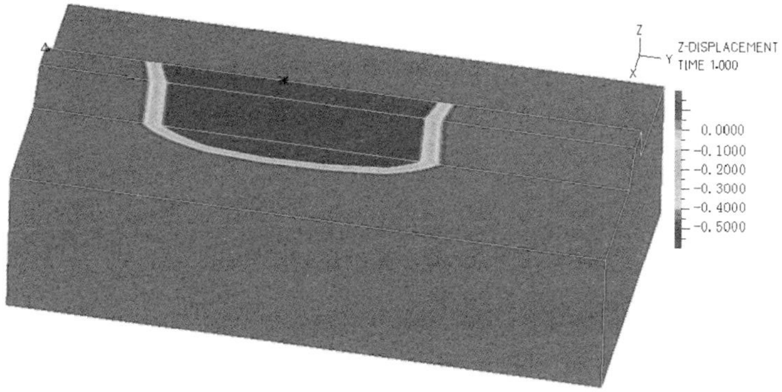

(a) 方案一

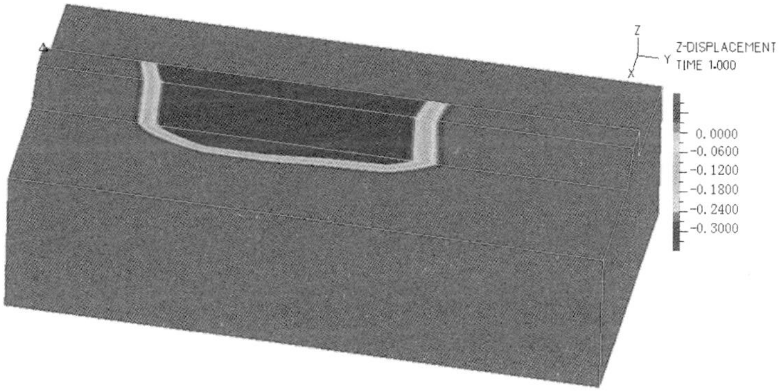

(b) 方案二

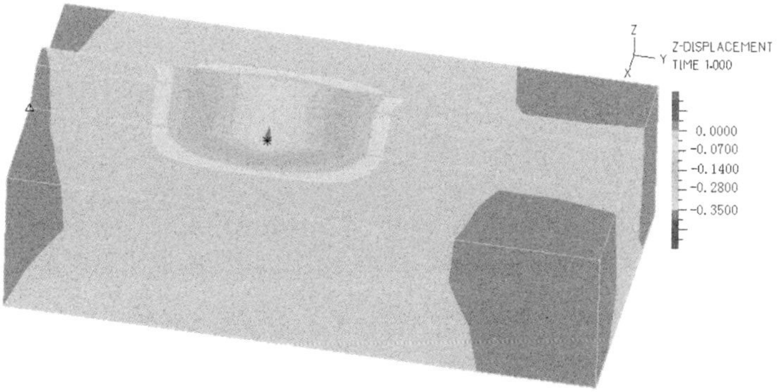

(c) 方案三

图 5-22　充填程度影响下的竖向位移

提取地表高速公路中心线变形数据绘制曲线图如图 5-23、图 5-24 所示，可见采空区充填程度的影响曲线与深厚比曲线线型类似，充填状态越好，曲线线型越圆滑，地表残余沉降及水平移动影响范围也越小，其对应的变形值也越小。说明自然塌落或充填治理效果较好时，采空区残余变形很小，则采空区上高速公路可作为普通路基进行设计或进行一般病害整治即可。

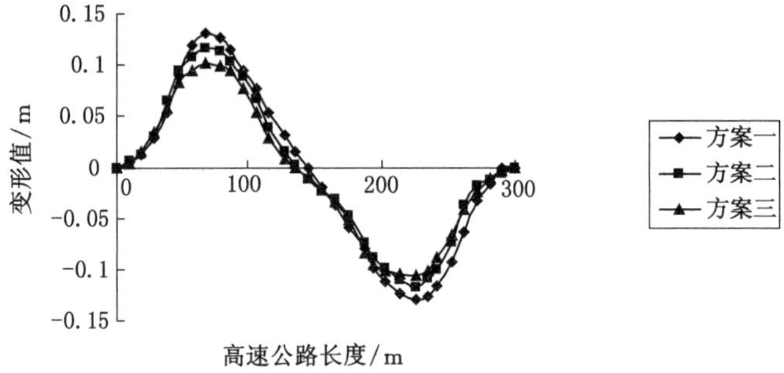

图 5-23　残余水平移动对高速公路中心线影响曲线

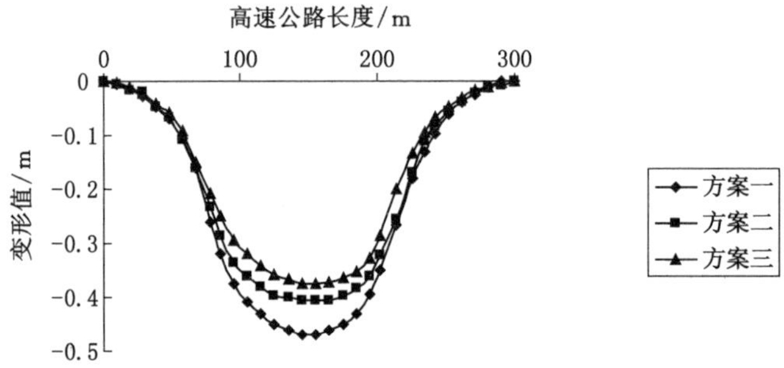

图 5-24　残余沉降对高速公路中心线影响曲线

5.4.5　采空区空洞尺寸对自身稳定性影响

以采空区稳定安全系数来衡量采空区尺寸的影响，将采空区内未被充填的区域以强度折减的方法[89-91]，来求得采空区稳定安全系数。

特征点位移判别方法，即收敛位移超过限值或突增，可判断失稳。这种方法对于巷道特征点明显的断面应用起来比较实用有效，工程现场也多用此方法进行实地测量。有限元软件是否收敛判别法，即软件运行是否中断而判断其是否稳定，这与计算机以及软件的精度、容许误差有很大的关系，比如调大容许误差很可能所选取的工程模型仍然计算收敛，从而不够准确。对于通过观察有限元模拟结果塑性区大小来判别的方法，不同软件模拟围岩塑性区域开展大小以及程度均有不同，用这种方法来进行判别过于模糊。因此结合研究的问题，选取位移判别的方法：以采空区顶与底之间、采空区两侧之间的位移内移值作为监控点，随强度折减两者任何一位移突变则视为失稳[92]。

1. 同面积不同高跨比

采空区断面面积均为 40 m^2 时，求出不同高跨比的安全系数如表 5-2 所示。由于面积相同卸荷量接近的缘故，不同高跨比安全系数比较接近。假设将空洞开口各条边等效成梁，假设梁长比等于对应该开口边长比，且梁横截面相同（抗弯系数相同），表示为：

$$a'/h' = a/h \tag{5-26}$$

式中　a'——顶板假设梁长，m；

h'——侧帮假设梁长，m；

a——巷道宽，m；

h——巷道高，m。

表 5-2　安全系数

侧压力系数	高跨比						
	0.4	0.6	0.8	1.0	1.2	1.4	1.6
0.3	1.76	1.82	1.83	1.85	1.86	1.80	<1
1.2	1.81	1.82	1.79	1.73	1.71	1.71	<1

顶板边受主应力 γz 作用，中心点最大拉应力为：

$$\sigma_A = \frac{M_A}{W_{\max}} = \frac{1}{8}\gamma z a'^2 / W_{\max} \tag{5-27}$$

式中　σ_A——A 点拉应力，MPa；

M_A——A 点截面处弯矩，N·m；

$W_{\max}$——抗弯系数。

假设侧边只受主应力 $K_0\gamma z$ 作用，可近似看作中心点最大拉应力为：

$$\sigma_B = \frac{M_B}{W_{\max}} = K_0\ \frac{1}{8}\gamma z h'^2 / W_{\max} \tag{5-28}$$

式中　σ_B——B 点拉应力，MPa；

M_B——B 点截面处弯矩，N·m。

(1) 当 K_0 小于 1 时竖向应力为大主应力,侧向应力为小主应力,高跨比为 1∶1 时:$\sigma_A > \sigma_B$,顶板稳定性比侧壁要差,因此当同一断面面积时,a 继续增加则 h 减小,即顶板最大拉应力增加,安全系数更小;当 a 减小而 h 增加,则顶板稳定性增强,侧壁稳定性相应减弱,到达某一平衡高跨比时,顶板侧壁稳定性相当,安全系数最大,继续减小 a,增加 h,顶板稳定性继续增加,侧壁安全系数继续减小,安全系数则更小。最佳高跨比在稍大于 1 处。

(2) K_0 大于 1 时竖向应力为小主应力,侧向应力为大主应力,高跨比为 1∶1 时:$\sigma_A < \sigma_B$,侧壁稳定性比顶板要差,因此当同一面积时,h 继续增加则 a 减小,即侧壁最大拉应力增加,安全系数更小;当 h 减小而 a 增加,则侧壁稳定性增强,顶板稳定性相应减弱,到达某一平衡高跨比时,顶板侧壁稳定性相当,安全系数最大,继续减小 h,增加 a,侧壁稳定性继续增加顶板安全系数继续减小,安全系数则更小。最佳高跨比在稍小于 1 处。

2. 不同面积相同高跨比

侧压力系数为 0.3 时,折减法求出不同面积下相同高跨比的安全系数对应关系:跨高比为 5/2、10/4、15/6 时对应的安全系数分别为 2.2、1.8 和 1.6。顶、底板间竖向位移收敛值大于两帮收敛值,但位移突变最先在两帮发生,且不同面积 10 m^2、40 m^2、90 m^2 时对应的收敛值基本成倍数增长。具体如图 5-25 所示。

同面积不同高跨比时,矩形断面的安全系数很接近,侧压力系数为小于 1 时,最佳高跨比在稍大于 1 处。侧压力系数大于 1 时,最佳高跨比在稍小于 1 处。不同面积相同高跨比时,随着面积的增加,安全系越来越小。

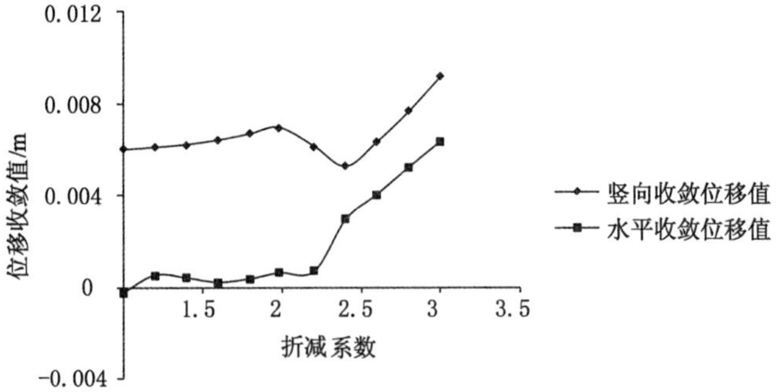

(a) a=5 m,h=2 m

图 5-25 位移收敛

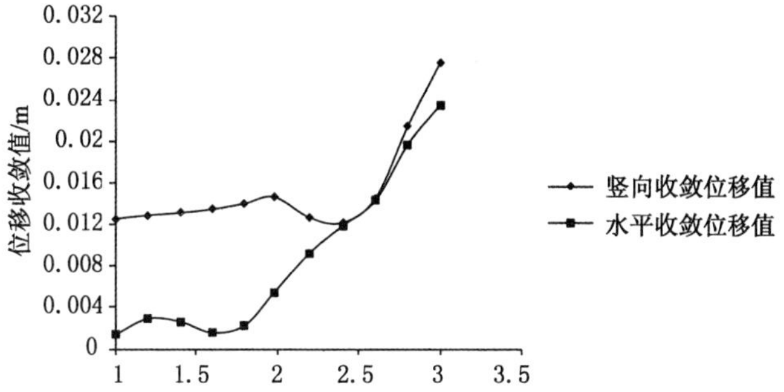

(b) a=10 m,h=4 m

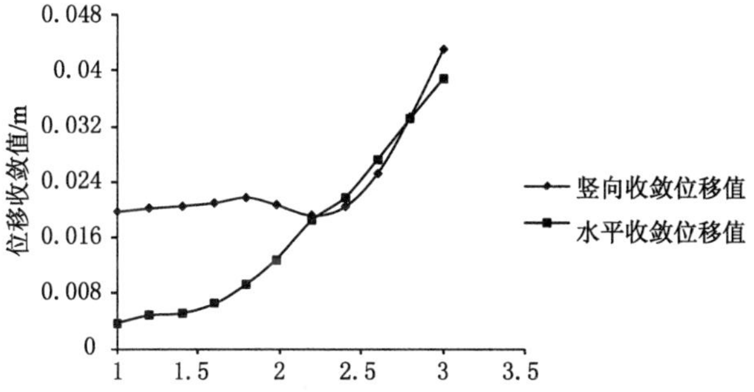

(c) a=15 m,h=6 m

图 5-25(续)

5.4.6 多因素总体分析

1. 最大残余沉陷值

不同深厚比、采空区倾角、充填程度等影响因素对应地表高速公路最大残余沉降值如表 5-3 所示。

表 5-3　最大残余沉降值

充填折减系数	倾角/(°)	深厚比				
		20	30	40	50	60
10%	15	0.69	0.57	0.47	0.35	0.27
	45	0.53	0.47	0.40	0.32	0.25
	60	0.38	0.30	0.23	0.17	0.13

表 5-3(续)

充填折减系数	倾角/(°)	深厚比				
		20	30	40	50	60
30%	15	0.54	0.47	0.40	0.31	0.24
	45	0.46	0.39	0.32	0.25	0.17
	60	0.31	0.24	0.18	0.13	0.08
50%	15	0.53	0.46	0.38	0.27	0.20
	45	0.45	0.36	0.28	0.22	0.16
	60	0.34	0.26	0.19	0.13	0.08

利用MATLAB7.0针对影响因素深厚比、采空区倾角、充填程度进行多维数组插值编制程序,以分析各因素交互影响下总体位移趋势。主要程序构成如下:

```
x=[20,30,40,50,60];
y=[0.9659,0.79,0.5];
z=[0.1,0.3,0.5];
juzhen=[0.689,0.507,0.468,0.354,0.267
        0.532,0.471,0.396,0.320,0.251
        0.375,0.301,0.234,0.171,0.131];
juzhen(:,:,2)=[0.535,0.466,0.396,0.312,0.236
               0.462,0.389,0.320,0.250,0.170
               0.305,0.241,0.18 0.13 0.08];
juzhen(:,:,3)=[0.529,0.457,0.377,0.27,0.204
               0.445,0.360,0.284,0.223,0.162
               0.340,0.259,0.188 0.125 0.078];
x1=[50];y1=[0.5];z1=[0.3];    %(欲求插值点残余沉降值)
[x1,y1,z1]=meshgrid(20:5:60, 0.5:0.1:0.9,0.1:0.1:0.5);
V1=interp3(x,y,z,juzhen,x1,y1,z1);
slice(x1,y1,z1,V1,[20 60],[0.5 0.9],[0.1 0.3 0.5]);
shading flat  %(绘制图形范围)
```

在上述程序中输入三个因素即可输出对应的地表沉降值及地表水平移动值,并可以显示出总体影响云图,如图5-26所示。输入的影响因素中最好是在数值模拟试验范围之内,具体为:深厚比20～60,采空区倾斜角度15°～60°,充填折减系数10%～50%。其他变形曲线影响趋势及数值,如倾斜值及影响曲

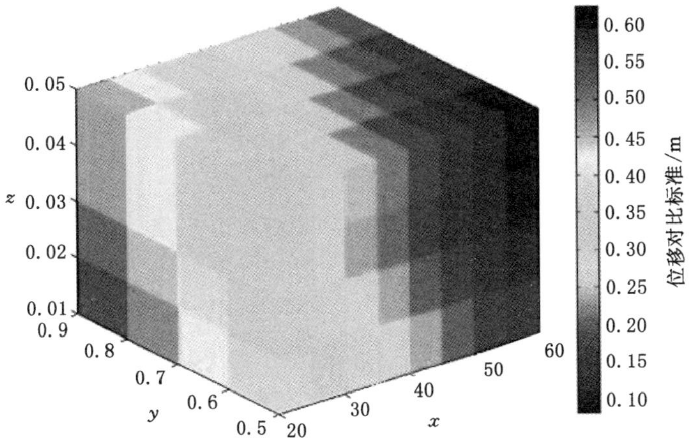

图 5-26　最大残余沉降变化趋势

线、曲率值及影响曲线、水平变形值及影响曲线可参照该程序进行编制。

2. 最大残余水平位移

不同深厚比、采空区倾角、充填程度等影响因素对应地表高速公路最大残余水平位移如表 5-4 所示。

表 5-4　最大残余水平位移

充填折减系数	倾角/(°)	深厚比				
		20	30	40	50	60
10%	15	0.25	0.19	0.13	0.09	0.07
	45	−0.25	−0.19	−0.13	−0.10	−0.07
	60	0.16	0.15	0.11	0.08	0.06
30%	15	−0.17	−0.15	−0.12	−0.12	−0.11
	45	0.17	0.10	0.07	0.07	0.04
	60	−0.17	−0.11	−0.11	−0.08	−0.04
50%	15	0.16	0.14	0.12	0.08	0.06
	45	−0.16	−0.14	−0.12	−0.08	−0.06
	60	0.14	0.12	0.10	0.06	0.05

根据前述方法进行编程，可得出水平位移随其他三个因素变化趋势云图，如图 5-27 和图 5-28 所示。

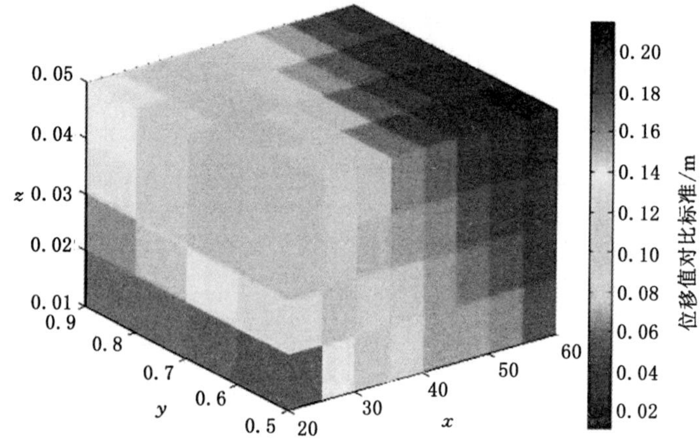

图 5-27　最大水平正位移变化趋势(上山方向)

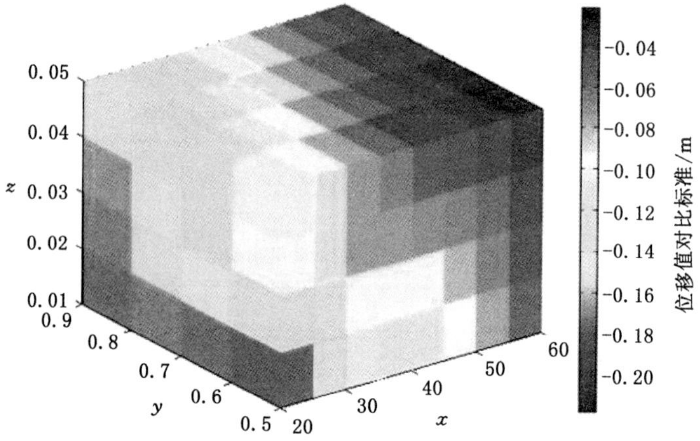

图 5-28　最大水平负位移变化趋势(下山方向)

由上分析可知,采空区地表最大残余沉降与最大水平位移变化趋势基本相同,充填状态越好、采空区倾角越大、深厚比越大,变形最大值就越小。

5.5　本章小结

(1) 高速公路与采空区走向一致和高速公路与采空区空间异面相交:前者对应的残余下沉数值及范围要大于后者,后者其残余沉降曲线与水平位移也呈现明显向倾向主断面变形的特点，只是数值要小。因此，高速公路与采空区相互作用中，二者空间位置关系对于地表变形影响较大。

(2) 随着采空区倾角不断增大，高速公路的残余沉降变形以及水平位移呈逐渐减小趋势，变形及位移影响范围也逐渐减小。原因在于采空区处于充填半充填状态，残余变形量较小，所以随着采空区倾角的增大，只有下沉曲线呈现出最大下沉点偏于下山方向，最大水平位移基本维持在最大下沉值的30%～40%，表明采空区倾角对高速公路变形产生的影响不太明显。

(3) 针对曲线变形的圆滑程度来看，随着深厚比的增加，曲线线型越圆滑，其变形影响范围也就越小，变形值也越小。原因在于弯曲下沉带的厚度与采深、采厚直接相关，采厚不变情况下，垮落带及裂隙带的高度基本趋于一定值，而此时弯曲带的厚度就取决于采深，采深越大，则对应的弯曲带厚度就越大，抵御采空区残余变形引起地表变形的能力就越强。

(4) 为分析各因素交互影响下总体位移趋势，利用MATLAB7.0针对深厚比、采空区倾角、充填程度等影响因素编制了变形预测程序。

(5) 同面积不同高跨比时，矩形断面的安全系数很接近。侧压力系数为小于1时，最佳高跨比在稍大于1处；侧压力系数大于1时，最佳高跨比在稍小于1处。不同面积相同高跨比时，随着面积的增加，安全系越来越小。

第 6 章　粉煤灰泡沫混凝土充填治理初探

充填体虽不能够完全消除采空区围岩变形和破坏，但大大降低了上覆岩层的移动和自由发展。充填工艺发展主要经历了干式充填阶段、水砂混合充填阶段和胶结膏体充填阶段[93]。干式充填材料特点是空隙大、密实度低、充填效率也低，由于充填体自身会被再次压缩，因此对于上覆岩层移动的抑制效果较差，但材料本身成本较低[94]；水砂混合充填对所选取的填料要求较高，如对填料的颗粒强度、渗透性和化学稳定性等均有一定要求，该方法充填输送方便，充填效率较高[95]；胶结膏体充填由骨料和胶凝材料组成，该法充填效率较高，对于上覆岩层抑制效果也好，骨料一般采用碎石、细砂及尾矿砂等，而胶凝材料一般用水泥，该方法充填成本较高[96-97]。随着技术的发展，膏体充填发展十分迅速，新型膏体充填材料的研发也成了研究热点。为了降低膏体充填成本，掺入工业废料——粉煤灰制备采空区膏体充填材料是很好的途径[98-99]。冯国瑞等[100]对充填体中从激发粉煤灰活性角度进行了大量试验研究，提出了激发剂采用及配比建议。张钦礼等[101]、黄艳利等[102]从粉煤灰在充填体配比角度进行研究，提出了最优配比。徐俊明等[103]、董璐等[104]将粉煤灰与其他充填材料混合对采空区进行充填，得到了有意义的结论。目前，掺入粉煤灰的膏体充填材料研发思路主要从外加剂或不同骨料的混合角度出发进行研究，而对于凝胶材料本身的改性研究较少。本书采用泡沫混凝土作为胶凝材料，掺入一定比例粉煤灰制备采空区膏体充填材料，对该充填体的配比及物理特性进行了探讨性研究。

6.1　采空区充填作用分析

矿体被采出后形成的采空区会使周围岩体应力释放从而导致岩体发生移动，该移动必然受到周围母岩的牵制和约束，埋深越大这种约束效果也就越强，作用在充填体上的应力只是很小的一部分，部分矿区充填体强度设计如表 6-1

所示。国内外研究经验表明，充填体承担围岩移动应力的 20%～70%，承载系数 $k=0.4$ 时，大概承担 40%左右[105]。围岩移动也并非一次性整体剪切破坏而失去平衡，而是先片帮剥落，破损范围渐渐扩散至围岩深部，逐渐失去平衡，最终才导致围岩大规模移动。若初期便能够维持表层岩体稳定，破碎范围得不到扩展便不会逐渐失去平衡，充分调动了原岩自身稳定性来支撑地压，而并非是由充填体本身强度支撑抑制围岩的位移[97]。一味追求高强度充填体，不但无益于工程的稳定性，也会增加经济投入。因此，采空区充填应全面衡量，综合考虑材料组成及配比，达到满足工程要求和降低成本的目的。

表 6-1　部分矿区充填体强度设计

矿山名称	开采方式	充填体强度/MPa
凡口铅锌矿	VCR 法	2.50
大冶铜绿山矿	VCR 法	1.90
大厂铜坑锡矿	分段空场嗣后充填法	1.48
安庆铜矿	大孔侧向崩矿采矿法	2.50
新布罗肯希尔矿(加拿大)	VCR 法	0.40
塔拉铅锌矿(爱尔兰)	深孔崩矿法	2.50

6.2　材料选择及试件制备

6.2.1　材料

水泥：普通 42.5 硅酸盐水泥；
粉煤灰：阜新热电厂粉煤灰，具体化学成分如表 6-2 所示；
发泡剂：铝粉；
外加剂：减水剂。

表 6-2　粉煤灰化学成分

SiO_2	Al_2O_3	Fe_2O_3	CaO	MgO	Na_2O	K_2O	SO_3
65.0%	16.7%	3.6%	10.5%	1.1%	2.2%	0.4%	0.5%

6.2.2 试件制备

试件制作尺寸为 100 mm×100 mm×100 mm。试验方法按照规范《泡沫混凝土砌块》进行。试件养护 28 d，测试其抗压强度，并对试件的绝干密度及体积进行计算和量测，以备全方位衡量该充填材料的性能。

具体试验过程：① 首先利用高速搅拌机对泡沫剂水溶液进行搅拌，制备泡沫，直至泡沫分布均匀、稳定不破损为止。② 按照试验设计控制掺入水泥、粉煤灰的比例，在高速搅拌机中进行搅拌直至形成均匀浆体。③ 将所制备的泡沫加入制备好的浆体中，继续进行混合搅拌，直至均匀为止，时间在 3～4 min，比例按照试验设计进行控制。

6.2.3 试验设备与流程

本次单轴压缩试验采用 NYL-300 型万能材料压力试验机测试试件的单轴抗压强度，NYL-300 型压力试验机供测定水泥、砖及石块等建筑材料抗压强度之用，最大载荷 300 kN。本机示值分度小、活塞行程大、工作适应性强，而且结构紧凑、操作简便，配上合适的抗折夹具后也可进行混凝土等材料的抗折强度试验。

除了获得充填胶结体的强度数据外，还要获得其应变数据，因此使用应变片来测试试件在加载过程中的应变数据，来观察胶结体的变形特性。

为了消除受载时的端部效应，试件两端安放钢质垫块。垫块直径等于或略大于试件直径，垫块的刚度和平整度应符合承压板的要求。

为保证试验的顺利进行，应严格按照试验操作规程进行测试，以保证试验数据的准确性，使试验获得成功。

(1) 准备好养护好的试件，将端部磨平，并贴上应变片，以便测量其应变值；

(2) 根据试件选用量程范围，挂好砣并对准刻线；

(3) 调整缓冲阀使之与量程范围相适应；

(4) 转动总开关接通电源；

(5) 开动油缸电动机，拧开送油阀使活塞上升一段，然后调指针对零后停止油泵电动机；

(6) 启动加载速度指示器电机，并迅速调到适当的位置，此时指示盘保持一定的速度旋转；

(7) 放好试件，将试件置于压力机承压板中心，调整底座，使试件上下受力均匀；

(8) 启动油泵电机，迅速将送油阀手柄调到相应位置，应保持试件加荷时指针与指示盘同步旋转，以 0.05 mm/s 的速度加载直至试件被压碎破坏，关闭送油阀，并停止油泵电机和加载速度指示器电机；

(9) 记录试验数值；

(10) 打开回油阀，然后拨回从动针；

(11) 关闭加载速度指示器旋钮；

(12) 清除被压碎的试件；

(13) 试件的抗压强度计算：

$$\sigma_c = \frac{P}{A}$$

式中　P——试件压力差，N；

σ_c——试件抗压强度，MPa；

A——试件面积，mm^2。

6.3　试验结果分析

泡沫混凝土具有质量轻、可泵性好、隔水性能好、吸收冲击能量强的特点，从而被广泛应用到建筑行业中，运用到采空区充填材料制备较为少见。制备成品试件如图 6-1 和图 6-2 所示，所制备试件表面呈蜂窝状构造，内部为封闭气泡，

图 6-1　试件外观

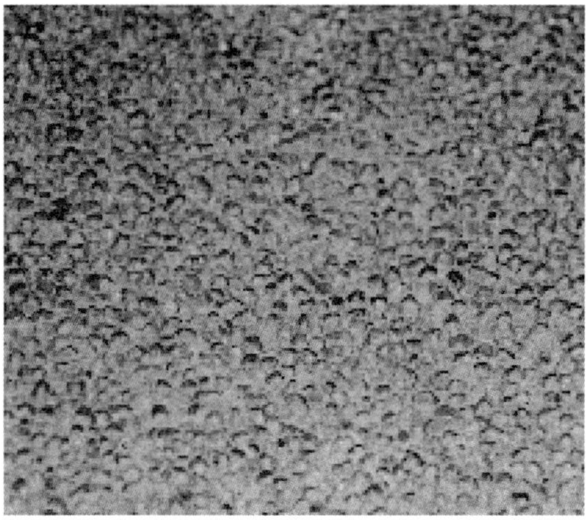

图 6-2　试件局部放大

较其他膏体充填材料密度低，由于引入气泡该充填材料和易性佳，可泵性好。保证有较大充填体积的情况下，消耗较少的水泥，且制备充填体中掺入适量的粉煤灰，也解决了工业废渣处理的问题。从化学反应角度来看，在强碱外加剂的作用下可以很好地与粉煤灰中的 SiO_2 和 Al_2O_3 反应，充分激发粉煤灰的胶凝活性，而水泥水化反应中不断放出的强碱 $Ca(OH)_2$，也会参与其中，生成有益于提高混凝土强度的水化硫酸钙、水化硫铝酸钙。综合考虑充填体经济性及工程实用性，粉煤灰泡沫混凝土试件绝干体积密度设计为 300 kg/m^3、400 kg/m^3、500 kg/m^3。下面对不同因素影响下粉煤灰泡沫混凝土充填体的物理力学性能进行详细研究。

6.3.1　粉煤灰掺量影响

粉煤灰掺量设计为 0、20%、30%、40%、50%，测试充填体的抗压强度，如图 6-3 所示。从试验结果可见，充填体强度较普通混凝土强度低，抗压强度在 0.4～2.8 MPa 之间变化，按前述分析基本可以满足采空区充填强度的要求，具体工程可选用制备不同配比的充填体材料。充填体抗压强度随着绝干密度降低而降低，也随着粉煤灰掺量的增加而降低。绝干密度为 300 kg/m^3 时，随着粉煤灰掺量的增加，抗压强度降低幅度较平缓。封闭气泡越多，充填体绝干密度越小，整体强度越低。作为充填材料，当强度要求不是很高，可以通过掺入气泡达到节省骨料消耗的同时，也可以适当增大骨料中粉煤灰的掺入量，在满足充填体强度要求的同时更好地达到节约的目的。

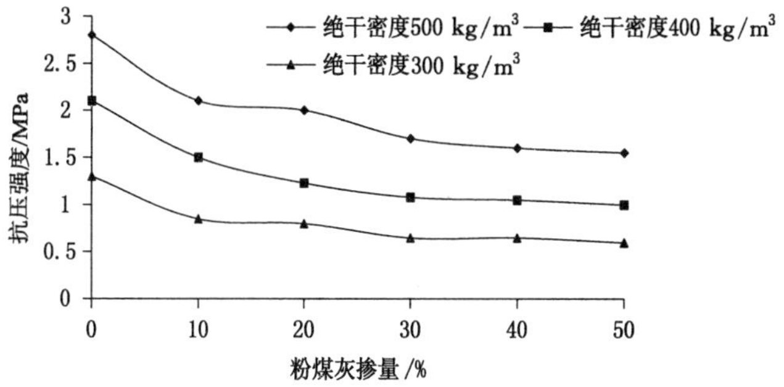

图 6-3　抗压强度

6.3.2　泡沫掺量影响

如图 6-4 所示，随着泡沫用量的增多，粉煤灰泡沫混凝土绝干密度减小，从曲线后段来看减小的速率也逐渐降低。原因在于气泡用量增多导致封闭气泡增加，会导致整体密度降低，而后段曲线不是呈线性减小，由于加入的气泡量增大在机器搅拌过程中破损的量也越大，因此密度降低的速率会减缓，绝干密度越小的充填体也就越难制备。如图 6-5 所示，质量一定时，密度的越小获得的充填体体积就越大，这样也有利于充填材料的节约。随着泡沫掺入量及粉煤灰替换率的增加，能够得到同质量下普通混凝土体积 3～7 倍以上的充填体，说明在满足充填体强度要求条件下，该充填体利用率较高，也大大节约了充填体材料的运输成本。

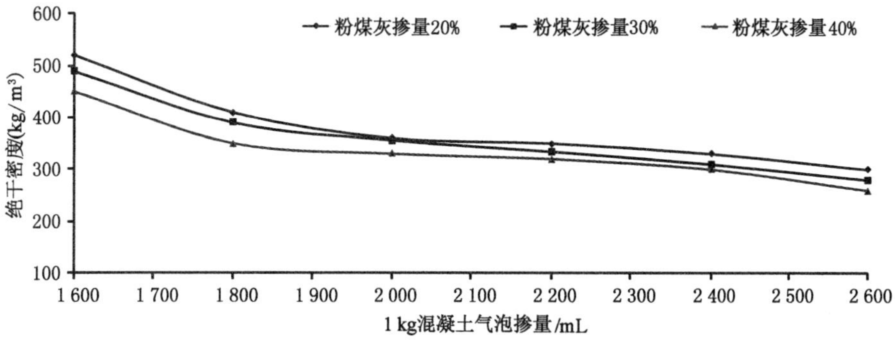

图 6-4　绝干密度

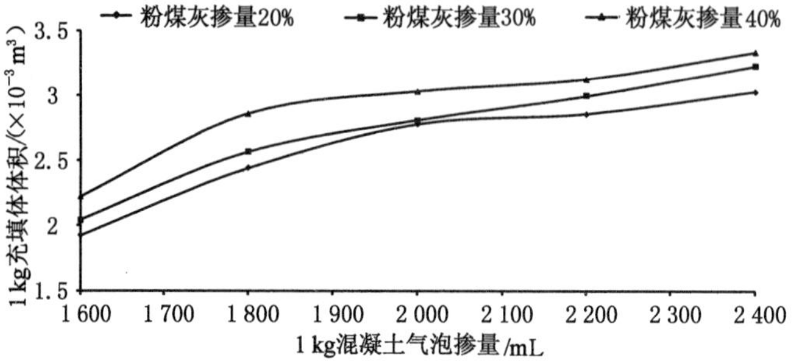

图 6-5 体积变化

6.3.3 应力-应变曲线试验

选用粉煤灰掺量为 30%，绝干密度分别为 300 kg/m³、400 kg/m³、500 kg/m³ 的充填体进行应力-应变曲线试验，试验曲线如图 6-6 所示，该充填体表现出较好的变形能力和延性。随着绝干密度的减小，出现较大轴向应变时才能达到对应的应力峰值，应力峰值强度也越来越低。该充填体在绝干密度较大时(500 kg/m³)，应力-应变曲线峰值前的上升阶段中弹性变形特性极为明显，如上升阶段中的 oa_1 段(o 点为坐标系原点)，而随着绝干密度的降低，弹性变形特性也逐渐减弱，如绝干密度 400 kg/m³ 曲线 oa_2 段，而绝干密度 300 kg/m³ 时弹性变形阶段基本不存在，原因在于绝干密度低的充填体有大量封闭气泡，随着压

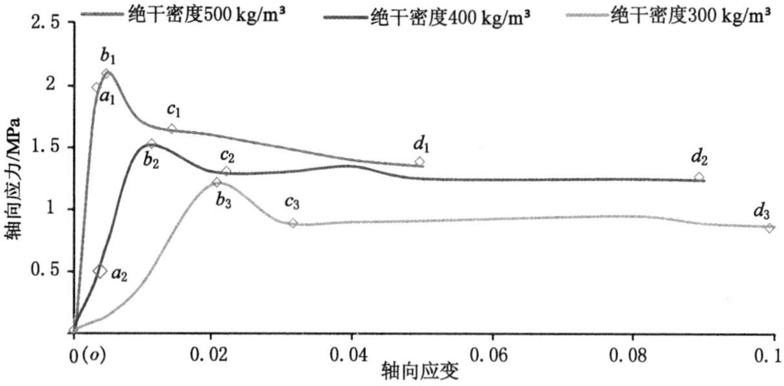

图 6-6 应力-应变曲线

注：ob_i 为上升阶段，b_ic_i 为下降阶段，c_id_i 为残余变形阶段，i=1、2、3，o 点为坐标系原点。

力逐渐施加这些封闭气泡易被压碎破坏，难以出现弹性阶段，绝干密度越低在弹塑性区域应变增量范围越大。绝干密度越大，则破坏特性越接近于脆性，而越低则越接近于弹塑性，后期残余变形阶段所表现出的延性也就越好，该种延展性也是充填采空区所更为需要的。实际充填中则表现为采空区顶板逐渐移动下沉压在充填体之上，随着顶板下沉，压力逐渐超出粉煤灰泡沫混凝土的承受范围，而这将会导致粉煤灰泡沫混凝土中封闭气泡被压碎，导致应变量增加，而这一过程不是脆性的、突然的，是随着时间逐渐推移发展的，这有利于发现并及时采取处理措施。如果是脆性充填体，很可能会导致突然下沉，难以采取补救措施。

6.4 充填采空区数值模拟

6.4.1 模型的建立

以枣木高速公路下伏采空区分析为例，采用有限元软件 ADINA 进行 3D 分析，采空区及高速公路位置依据前述探测结果建立模型，如图 5-1 所示。土体均采用 Mohr-Coulomb 材料模型进行模拟，充填体选用弹性材料进行模拟，具体配比对应的弹性模量、密度及泊松比均由室内试验确定。模型侧面采用水平位移约束，底面采用固定约束，地表及高速公路采用自有约束。模型长、宽、高尺寸为 600 m×300 m×145.3 m，模型层结构从上往下依次为公路路基，表土层，强风化泥岩、砂岩层，弱风化泥岩、砂岩层，弱风化砂岩，弱风化砂岩、煤。计算土层参数来自室内试验，如表 5-1 所示，均取自室内试验数据[106]。下面研究不同充填体强度下采空区残余变形对地表高速公路影响规律。

6.4.2 数值模拟结果分析

采用的充填体强度为 1.49 MPa（充填体绝干密度为 400 kg/m^3，粉煤灰掺量为 20%），对该采空区进行充填模拟。如图 6-7～图 6-9 所示，地表残余变形呈现明显的不对称性，地表的最大残余变形为 400 mm。下山部分的下沉曲线比上山部分的下沉曲线要陡，这也充分体现了煤层向东及东南倾斜、最大下沉点偏向于下山方向的采煤沉陷特点。未充填前该采空区对高速公路残余沉降变形影响范围为 0～600 m（K3＋470～K4＋070），同时有 400 mm 的最大残余沉降变形量、150 mm 最大水平残余变形量，这对于高速公路行车影响也是巨大的，尤其是对于修复后路基的拉伸、扭转、错动的影响。充填处理后高速公路变形范围为横坐标 110～450 m(K3＋580～K3＋920)，残余最大沉降变形量为 121 mm，残余最大水平变形量由充填前的 150 mm 减小为 50 mm，如图 6-7 所示。由此可见选用该充填体强度即可达到减沉 70％以上的效果，相同质量下该配比充填体可以获得的体积相当于一般充填混凝土体积的 3～7 倍，减沉和控制水平变形效果较好，充填效率较高。

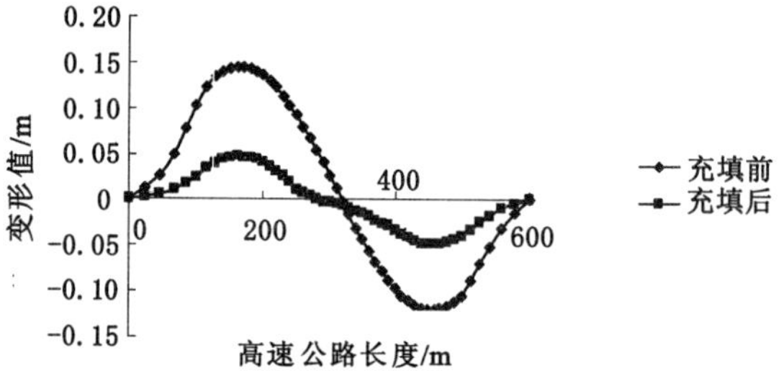

图 6-7　水平位移曲线

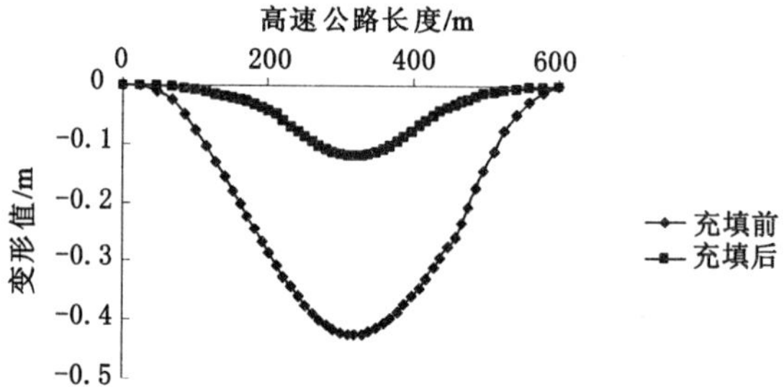

图 6-8　沉降变形曲线

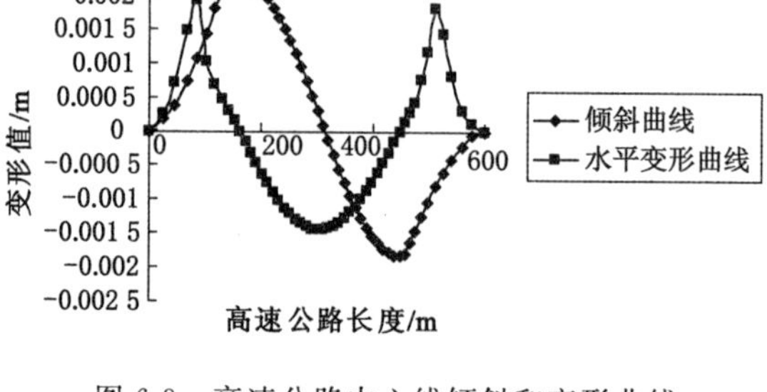

图 6-9　高速公路中心线倾斜和变形曲线

以绝干密度 400 kg/m³ 充填体为研究对象，研究不同粉煤灰掺量时对减沉效果的影响，计算结果如图 6-10 所示，随着粉煤灰掺量的减少所获得的充填体强度也越大，而以绝干密度 400 kg/m³ 充填体为研究对象，研究不同粉煤灰掺量时对减沉效果的影响，计算结果如表 6-3 所示。随着粉煤灰掺量的减少所获得的充填体强度也越大，而对于减沉效果也越来越好。当粉煤灰掺量为 20%～0%时，减沉量从 121 mm 变化为 108 mm，减沉效果极为有限。由于充填处理后高速公路可能发生的残余变形已经很小，通过一味增加充填体强度来达到更好的减沉效果显然是不经济的，后期采取高速公路地表整形修补手段对高速公路进行治理较为科学合理。

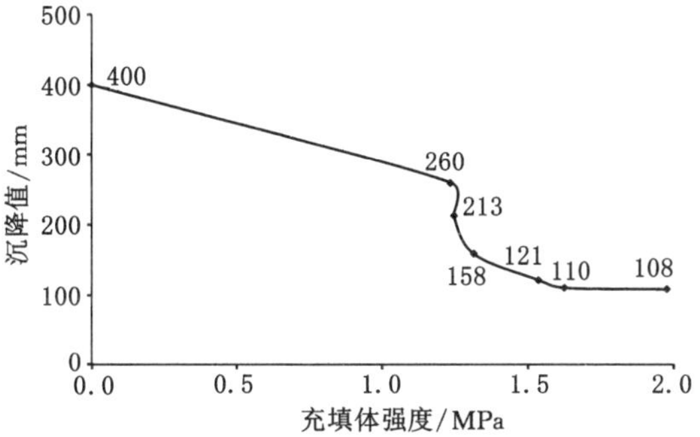

图 6-10　不同粉煤灰掺量减沉效果曲线

表 6-3　减沉效果

粉煤灰掺量/%	—	50	40	30	20	10	0(无粉煤灰)
充填体强度/MPa	0(未充填)	1.23	1.25	1.32	1.49	1.63	1.98
残余沉降量/mm	400	260	213	158	121	110	108

按照采用的充填体强度为 1.49 MPa(充填体绝干密度 400 kg/m³，粉煤灰掺量 20%)，对该采空区进行充填模拟，得到残余沉降值为 121 mm，提取其他相关残余变形数据，具体如表 6-4 所示。

表 6-4　残余最大变形值预测结果

状态	沉降/mm	倾斜/(mm/m)	曲率/(mm/m³)	水平位移/mm	水平变形/(mm/m)
充填后	121.00	1.92	0.03	50.00	2.23
充填前	400.00	3.60	0.27	150.00	15.00

山西省交通运输厅结合山西省在大量开采煤炭的情况，于 2005 年提出了公路下采煤允许变形值范围如下：

水平方向：

$$\varepsilon \leqslant \pm 2.0\ \mathrm{mm/m}$$

式中 ε——水平变形。

竖直方向：

$$i \leqslant \pm 3.0\ \mathrm{mm/m}$$

$$k \leqslant \pm 0.2\ \mathrm{mm/m^2}$$

式中 i——倾斜变形；

k——曲率变形。

山西省交通运输厅提出的允许的变形值，与国家煤炭工业局[107]对建筑物下开采的允许变形值是一致的，但是对均匀的沉降没有明确的规定，而对公路来说，其沉降对公路的使用会构成较大的影响，即便是均匀沉降也会对公路的使用造成影响。

孙琦[108]提出采用公路软土地基的允许工后沉降作为高速公路下开采的允许沉降值，如表 6-5 所示。

表 6-5 公路软土路基允许工后沉降

道路等级	桥台与路堤相邻处	涵洞、通道处	一般路堤
高速公路、一级公路	≤0.10 m	≤0.20 m	≤0.30 m
二级公路	≤0.20 m	≤0.30 m	≤0.50 m

由于山西省交通运输厅提出的公路下开采的允许移动和变形值未充分考虑道路路基沉降的影响，因此采用文献[108]所提出的允许移动和变形值，即

$$\varepsilon \leqslant \pm 2.0\ \mathrm{mm/m}$$

$$i \leqslant \pm 3.0\ \mathrm{mm/m}$$

$$k \leqslant \pm 0.2\ \mathrm{mm/m^2}$$

$$w \leqslant 0.3\ \mathrm{m}$$

将该要求与表 6-4 进行比较可知，治理前采空区残余变形对于地表高速公路影响已超出允许值，而经充填治理后各项指标均满足该要求。

6.5 高速公路下伏采空区治理所需充填体体积

根据前述数值模拟结果与探测结论，考虑高速公路与采空区空间位置关系，

选取治理长度里程范围为 K3＋510～K4＋000 区段。确定高速公路路基隔离带一侧宽度为 10 m，公路地基底面宽度为 50 m，第四纪沉积松散层厚度为 15 m，松散层移动角为 40°，下伏采空区的上覆基岩厚度为 65 m，其移动角为 57°。

治理宽度依据公式(6-1)进行计算，代入数据计算得出治理宽度为 190.1 m。

$$L = D + 2B + 2(h\cot\varphi + H\cot\delta) \tag{6-1}$$

式中　L——垂直公路中线水平方向宽度，m；

D——公路地基底面宽度，m；

B——路基隔离带一侧宽度，取 10 m；

h——松散层厚度，m；

H——采空区上覆基岩厚度，m；

φ——松散层移动角，(°)；

δ——走向方向采空区上覆基岩移动角，(°)。

充填体总量计算公式为：

$$Q_{总} = A \cdot S \cdot m \cdot K \cdot \Delta V \cdot \eta / C \tag{6-2}$$

式中　$Q_{总}$——采空区所需充填体总量，m^3；

A——充填体损耗系数，取值范围为 1.0～1.5，这里取 1.3；

S——采空区治理面积，其值为采空区治理长度与采空区治理宽度的乘积，当采空区分布宽度差别较大时，可取平均值，根据以上计算，这里取 S＝50 m×380 m＝19 000 m^2；

m——采空区煤层厚度，取 5 m；

K——煤层采出率，可通过调查相关采掘资料确定，这里取 0.8；

ΔV——采空区残余空隙率，即煤体被采出后经塌落填充后剩余的空间体积，其值一般在 0.2～1 之间，这里取 0.5；

η——充填系数，取值一般在 0.75～0.95 范围，这里取 0.75；

C——胶结率，取值一般在 0.7～0.95 范围内，这里取 0.8。

采空区残余空隙率，即煤层被采出后，原空间经塌陷冒落岩块充填后剩余的空隙，其值在 0.2～1 之间，该值可通过 3 种方式确定：① 矿山已有的沉降及采空区观测资料，即先计算采空区上方地面的最大沉降量，通过已有的观测资料确定已完成的沉降量，然后用两者的差值与地面的最大沉降量之比来估算；② 勘察过程中勘察孔内空洞和裂隙的资料，即通过孔内空洞和裂隙发育的平均高度与矿层开采厚度之比来估算；③ 该地区已有的工程资料。一般情况下闭矿时间在 5 年之内，取值在 0.3～1 之间，闭矿时间在 5 年以上，取值在 0.2～0.3 之间，当采空区的顶板和覆岩为较坚硬的岩石时，取值宜稍大。

计算得 $Q_{总}$＝136 158.75 m^3，由于充填体可获得一般充填材料的 3～7 倍体积，以 5 倍计算有 $Q_{总} \times 1/5 = 2.7 \times 10^4\ m^3$。

6.6 本章小结

（1）根据采空区对充填体强度的要求，一味追求高强度充填体是不科学也是不经济的，粉煤灰泡沫混凝土充填体抗压强度在 0.4～2.8 MPa 之间，采用不同配比所获得的充填体强度能够满足一般采空区充填要求。该充填体具有较好的变形能力和延性，适合用于采空区充填。

（2）经数值模拟验证，该充填体强度可达到减沉 70％以上的效果，相同质量下该配比充填体可以获得的体积相当于一般充填混凝土体积的 3～7 倍以上，减沉和控制水平变形效果较好，充填效率较高。

（3）结合枣木高速下伏采空区工程提出了高速公路下伏采空区充填治理范围，计算了充填材料需求量。

第7章 结　论

7.1 主要结论

通过理论分析、数值模拟、试验研究及原位监测等手段，对高速公路下伏采空区探测体系、监测手段、相互作用规律及充填稳定性治理等进行了具体研究，并结合相关工程实例进行了实际验证，得到结论如下：

(1) 建立了复杂荷载条件下采空区顶板-矿柱体系流变力学模型。针对目前大多数采空区顶板-矿柱体系的力学模型仅考虑垂直荷载作用的局限性，将采空区顶板简化为弹性薄板，将矿柱简化为满足 Kelvin-Voigt 模型的黏弹性体，建立了复杂荷载条件下采空区顶板-矿柱体系流变力学模型。运用该模型对枣木高速公路下伏采空区稳定时间进行了预测，并与现场监测情况进行了对比分析，验证了该力学模型应用于采空区稳定时间预测的可靠性。

(2) 建立了采空区探测验证体系。提出了选用高密度电阻率法布置测线进行探测的方案，采用特征位置钻孔取样、钻孔内声波探测及钻孔电视成像技术进行验证，采用平差方式对探测验证体系结论进行修正，最终确定高速公路下伏采空区位置及状态。运用该探测方法对枣木高速公路下伏采空区进行了具体的探测验证，确定了高速公路下伏采空区的具体位置及充填状态。

(3) 根据采空区实际情况，对传统监测仪器进行相关改进，增强了该仪器的适用性，并提出了钢管＋活塞封底技术，有效地进行了钻孔封底，避免跑浆。

(4) 高速公路与采空区相互作用中，对高速公路与采空区空间异面相交和高速公路与采空区走向一致的情况比较，前者产生的残余下沉数值及范围要小于后者；随着倾斜角度的增大，高速公路的残余沉降及水平位移逐渐减小，影响范围也逐渐减小；采深、采厚决定了弯曲带的厚度，当采厚一定时，垮落带和裂隙带高度趋于一定值，采深决定了弯曲带的厚度，采深越大，弯曲带厚度越大，受边界效应的影响也越小，尤其是下沉曲线的边界会变得很圆滑。同面积不同高跨比时矩形断面的安全系数很接近，侧压力系数小于 1 时，最佳高跨比在稍大于 1

处；侧压力系数大于1时，最佳高跨比在稍小于1处。不同面积相同高跨比时，随着面积的增加，安全系越来越小。

(5) 运用MATLAB对用有限元软件ADINA分析的采空区在深厚比、倾角、充填效果因素影响下的结果进行多维插值，编制了变形最大值预测程序。

(6) 通过对粉煤灰泡沫混凝土充填体进行试验结果表明：粉煤灰泡沫混凝土充填体抗压强度在0.4～2.8 MPa之间变化，采用不同配比所获得的充填体强度能够满足一般采空区充填要求；随着泡沫掺入量及粉煤灰掺入量的增加，能够得到同质量下普通混凝土体积3～7倍以上的充填体，这说明在满足充填体强度要求条件下，该充填体利用率较高，也大大节约了充填体材料的运输成本；该充填体具有较好的变形能力和延性，适合用于采空区充填。

(7) 具体结合枣木高速公路下伏采空区进行分析，依据前期探测结论确定了充填治理范围，计算了粉煤灰泡沫混凝土充填材料需求量，运用数值模拟方法对充填治理效果进行了预测，结果表明该充填体可达到减沉70%以上的效果。

7.2 主要创新点

(1) 将采空区顶板简化为弹性薄板，将矿柱简化为符合Kelvin-Voigt模型的黏弹性体，建立了复杂荷载条件下可用于预测采空区顶板稳定时间的流变力学模型。

(2) 建立了高速公路下伏采空区探测验证体系，并提出了"等效充填折减"思想对采空区内部进行等效数值模拟。

(3) 提出了粉煤灰泡沫混凝土作为充填体进行采空区充填治理的方案，以室内试验和数值模拟为手段验证该充填体减沉效果。

7.3 下一步工作建议

(1) 采空区稳定性评价与内部是否存在地下水有密切关系，尤其是采空区内部地下水流失对于稳定性影响巨大。进一步研究地下水变化情况对采空区稳定性影响，并寻求最佳治理方案。

(2) 对于高速公路下伏采空区中埋深较浅的情况，进一步研究地表荷载(车辆荷载、地表施工荷载)影响下高速公路稳定性，从能量角度分析确定对于高速公路下伏采空区稳定性影响的临界值。

(3) 对于粉煤灰泡沫混凝土充填体进一步进行试验研究，包括地下水腐蚀影响、动荷载影响，深入了解其破坏机理，并进行相似模拟试验或小规模现场试验，验证其适用性。

参考文献

[1] BRITTEN J A, THORSNESS C B. Model for cavity growth and resource recovery during underground coal gasification[J]. Oil coal shale minerals, 1989, 13(1-2): 1-53.

[2] GONZALEZ-NICIEZA C, ALVAREZ-FERNANDEZ M I, MENENDEZ-DIAZ A, et al. The influence of time on subsidence in the Central Asturian Coalfield[J]. Bulletin of engineering geology and the environment, 2007, 66(3): 319-329.

[3] LUCHA P, CARDONA F, GUTIÉRREZ F, et al. Natural and human-induced dissolution and subsidence processes in the salt outcrop of the Cardona Diapir[J]. Environmental geology, 2008, 53(5): 1023-1035.

[4] FADDICK R R, EBY W R. Slurry backfilling of mine voids in Hanna, Wyoming[C]//1986 Symposium on mining, hydrology, sedimentology, and reclamation. [S. l.: s. n.], 1986.

[5] 吴启红,万世明,彭文祥. 一种多层采空区群稳定性的综合评价法[J]. 中南大学学报(自然科学版), 2012, 43(6): 2324-2330.

[6] 冯岩,王新民,程爱宝,等. 采空区危险性评价方法优化[J]. 中南大学学报(自然科学版), 2013, 44(7): 2881-2888.

[7] HU K X, KEMENY J. A fracture mechanics analysis of the effect of backfill on the stability of cut and fill mine workings[J]. International journal of rock mechanics and mining sciences & geomechanics abstracts, 1994, 31(3): 231-241.

[8] JOHNSON R A, YORK G. Backfill alternatives for regional support in ultra-depth South African gold mines[C]//Proceedings of Australasian institute of mining and metallurgy publication series. [S. l.: s. n.], 1998.

[9] 邹友峰,柴华彬. 建筑荷载作用下采空区顶板岩梁稳定性分析[J]. 煤炭学报, 2014, 39(8): 1473-1477.

[10] LI Z X, YI G, WU J G, et al. Study on spontaneous combustion distribution of

goaf based on the "O" type risked falling and non-uniform oxygen[J]. Journal of China coal society,2012,37(3):484-489.

[11] JONES M Q W,RAWLINS C A. Thermal properties of backfill from a deep South African gold mine[J]. Journal of the mine ventilation society of South Africa,2001,54(4):100-105.

[12] WANG J B,LIU X R,LI P,et al. Study on prediction of surface subsidence in mined-out region with the MMF model[J]. Journal of China coal society,2012,37(3):411-415.

[13] ZHANG Y P,CAO P,YUAN H,et al. Numerical simulation on stability of complicated goaf[J]. Journal of mining and safety engineering,2010,27(2):233-238.

[14] MA H T,WANG J N,WANG Y H. Study on mechanics and domino effect of large-scale goaf cave-in[J]. Safety science,2012,50(4):689-694.

[15] 童立元,邱钰,刘松玉,等.高速公路与下伏煤矿采空区相互作用规律探讨[J].岩石力学与工程学报,2010,29(11):2271-2276.

[16] 吴盛才,徐鹏,贺跃光.高速公路下伏采空区地表变形预计及稳定性评价[J].测绘科学,2012,37(2):97-99.

[17] 贺跃光,熊莎,吴盛才.采空区上方高速公路允许移动变形指标研究[J].矿冶工程,2013,33(2):27-30.

[18] 王爱群.基于带状注浆理论的高速公路地下采空区处治范围分析与研究[J].公路交通科技(应用技术版),2011,7(6):87-90.

[19] 王渭明,赵增辉,王磊.考虑拉压不同模量采空区顶板岩梁的损伤分析[J].中南大学学报(自然科学版),2014,45(3):910-916.

[20] 彭帅英,李广杰,彭文,等.基于改进遗传算法的 Holt-Winters 模型在采空沉陷预测中的应用[J].吉林大学学报(地球科学版),2013,43(2):515-520.

[21] 地矿部物化探研究所情报室.日本工程物探技术译文集[M].北京:地矿部物化探研究所,1984.

[22] 刘振明,刘世奇,唐筱蜂.地震 CT 结合地震映像法综合物探应用研究[J].铁道工程学报,2014,31(2):11-14.

[23] 刘盛东,刘静,岳建华.中国矿井物探技术发展现状和关键问题[J].煤炭学报,2014,39(1):19-25.

[24] 刘振明,许广春,李志华.地震映像剖面数值模拟研究[J].铁道工程学报,2012,29(6):20-23.

[25] 戴前伟,侯智超,柴新朝.瞬变电磁法及EH-4在钼矿采空区探测中的应用[J].地球物理学进展,2013,28(3):1541-1546.

[26] 章林,孙国权,李同鹏,等.地下矿山采空区探测及综合治理研究与应用[J].金属矿山,2013(11):1-4.

[27] 刘国辉,李达,刘志远,等.综合电法勘探在中关铁矿采空区探测中的应用[J].工程地球物理学报,2011,8(6):709-712.

[28] 王善勋,杨文锋,张卫敏,等.瞬变电磁法在煤矿采空区探测中的应用研究[J].工程地球物理学报,2012,9(4):400-405.

[29] 温来福,郝海强,刘志远,等.综合物探在山西省某煤矿采空区探测中的应用[J].工程地球物理学报,2014,11(1):112-117.

[30] 杨镜明,魏周政,高晓伟.高密度电阻率法和瞬变电磁法在煤田采空区勘查及注浆检测中的应用[J].地球物理学进展,2014,29(1):362-369.

[31] 王昕,翁明月.特厚煤层小煤矿采空区探测与充填复采技术[J].煤炭科学技术,2012,40(10):41-44.

[32] 尹奇峰,潘冬明,于景邨,等.基于三维RVSP多孔联合技术煤矿采空区的探测[J].煤炭学报,2014,39(7):1338-1344.

[33] 吴盛才,徐鹏,贺跃光.高速公路下伏采空区变形监测网设计[J].金属矿山,2011(2):99-101.

[34] 胡静云,李庶林,林峰,等.特大采空区上覆岩层地压与地表塌陷灾害监测研究[J].岩土力学,2014,35(4):1117-1122.

[35] 邓喀中,谭志祥,张宏贞,等.长壁老采空区残余沉降计算方法研究[J].煤炭学报,2012,37(10):1601-1605.

[36] 郭广礼.老采空区上方建筑地基变形机理及其控制[M].徐州:中国矿业大学出版社,2001.

[37] 刘永,张志军,贺桂成,等.湖南某金属矿山地下采空区稳定性分析及其影响[J].有色金属(矿山部分),2012,64(5):23-26.

[38] 李满囤.太古公路采空区路桥稳定性分析及其治理方案[J].重庆交通学院学报,2000,19(3):85-87.

[39] 余学义.采动区地表剩余变形对高等级公路影响预计分析[J].西安公路交通大学学报,2001,21(4):9-12.

[40] 胡建华,张行成,周科平,等.基于D-S证据理论的空区稳定性识别与工程应用[J].重庆大学学报,2013,36(9):35-42.

[41] HU Y X,LI X B. Bayes discriminant analysis method to identify risky of complicated goaf in mines and its application [J]. Transactions of

nonferrous metals society of China,2012,22(2):425-431.

[42] SARGAND S M,HAZEN G A. Highway damage due to subsidence[J]. Geotechnical special publication,1998(19):18-32.

[43] DRUMM E C,BENNETE R M,KANE W F. Mechanisms of subsidence induced damage and techniques for analysis [J]. Geotechnical special publication,1998(19):168-188.

[44] 何国清,杨伦,凌赓娣,等. 矿山开采沉陷学[M]. 徐州:中国矿业大学出版社,1991.

[45] 张淑坤,张向东,陆启珂. 枣木高速公路塌陷区探测及残余变形预测[J]. 广西大学学报(自然科学版),2011,36(4):640-646.

[46] 范洪冬,邓喀中,祝传广,等. 基于时序 SAR 技术的采空区上方高速公路变形监测及预测方法[J]. 煤炭学报,2012,37(11):1841-1846.

[47] 邓红卫,贾明. 基于 UAHP 的采空区稳定性模糊综合评判[J]. 中国安全科学学报,2012,22(3):24-29.

[48] SINGH G P,SINGH U K. Assessment of goaf characteristics and compaction in longwall caving[J]. Mining technology,2011,120(4):222-232.

[49] 何林松. 采空区稳定性分析及安全性判定[J]. 采矿技术,2012,12(3):57-58.

[50] ZHANG M S, ZHU W C, HOU Z S, et al. Numerical simulation for determining the safe roof thickness and critical goaf span[J]. Journal of mining and safety engineering,2012,29(4):543-548.

[51] 周宗红,侯克鹏,任凤玉. 跑马坪铅锌矿采空区稳定性分析及控制方法[J]. 采矿与安全工程学报,2013,30(6):863-867.

[52] 曲庆璋,章权,季求知,等. 弹性板理论[M]. 北京:人民交通出版社,2000.

[53] 陈昌彦,岳中琦,陈爱新,等. 北京某公路沉陷变形地质灾害发育特征及成因分析[J]. 岩土工程学报,2010,32(3):356-361.

[54] 罗艳玲. 论煤矿采空区建筑地基的选择与处理[J]. 煤炭技术,2014,33(1):146-149.

[55] 童立元,刘松玉,邱钰,等. 高速公路下伏采空区问题国内外研究现状及进展[J]. 岩石力学与工程学报,2004,23(7):1198-1202.

[56] 贾剑青,王宏图,胡国忠,等. 急倾斜工作面防水煤柱留设方法及其稳定性分析[J]. 煤炭学报,2009,34(3):315-319.

[57] 程建远,孙洪星,赵庆彪,等. 老窑采空区的探测技术与实例研究[J]. 煤炭学报,2008,33(3):251-255.

[58] 王宁波，张农，蓝海东，等. 急倾斜特厚煤层采空区现场地面与地下协同探测分析[J]. 西安科技大学学报，2013，33(1)：7-11.

[59] 王恩德，门业凯，张忠杰，等. 基于高密度电阻率法的铁矿山采空区数值模拟[J]. 东北大学学报(自然科学版)，2013，34(7)：1022-1026.

[60] 张俊英，王翰锋，张彬，等. 煤矿采空区勘查与安全隐患综合治理技术[J]. 煤炭科学技术，2013，41(10)：76-80.

[61] 刘波，高永涛，金爱兵，等. 综合物探法在平朔东露天矿铁路专用线煤窑采空区探测的应用[J]. 中国矿业，2012，21(9)：111-114.

[62] 黄家然，张新滨，石亚龙，等. 李家峡坝址区两岸高边坡监测设计[J]. 西北水电，1996(1)：36-39.

[63] 张淑坤，张向东，陆启珂. 枣木高速公路下伏采空区综合物探方法[J]. 中国地质灾害与防治学报，2012，23(1)：94-98.

[64] 张恒，陈寿根，向龙. 采用风积沙治理高速公路下伏采空区技术研究[J]. 路基工程，2011(6)：115-118.

[65] 陶记崑，佟立夫，马洪亮. 试论杆式多点变位计测杆的位移传递精度[J]. 水利水电技术，1995，26(10)：32-37.

[66] 山西省交通厅. 高速公路采空区勘察设计与施工治理手册[M]. 北京：人民交通出版社，2006.

[67] 刘长友，杨敬轩，于斌，等. 多采空区下坚硬厚层破断顶板群结构的失稳规律[J]. 煤炭学报，2014，39(3)：395-403.

[68] 王文星. 岩体力学[M]. 长沙：中南大学出版社，2004.

[69] 宋卫东，付建新，杜建华，等. 基于精密探测的金属矿山采空区群稳定性分析[J]. 岩土力学，2012，33(12)：3781-3787.

[70] JAGER J C，COOK N G W. Fundamentals of rock mechanics[M]. London：Chapman and Hall，1976.

[71] 徐芝纶. 弹性力学[M]. 北京：高等教育出版社，1990.

[72] SWIFT G M，REDDISH D J. Stability problems associated with an abandoned ironstone mine[J]. Bulletin of engineering geology and the environment，2002，61(3)：227-239.

[73] NOMIKOS P P，SOFIANOS A I，TSOUTRELIS C E. Structural response of vertically multi-jointed roof rock beams[J]. International journal of rock mechanics and mining sciences，2002，39(1)：79-94.

[74] DIEDERICHS M S，KAISER P K. Tensile strength and abutment relaxation as failure control mechanisms in underground excavations[J]. International journal

of rock mechanics and mining sciences,1999,36(1):69-96.

[75] 陈杰,杜计平,张卫松,等.矸石充填采煤覆岩移动的弹性地基梁模型分析[J].中国矿业大学学报,2012,41(1):14-19.

[76] WANG J A,SHANG X C,MA H T. Investigation of catastrophic ground collapse in Xingtai gypsum mines in China[J]. International journal of rock mechanics and mining sciences,2008,45(8):1480-1499.

[77] 张彦宾,邹友峰,李德海,等.动力扰动作用下条带开采系统失稳特性研究[J].中国矿业大学学报,2013,42(4):567-572.

[78] 柳小波,安龙,张凤鹏.基于薄板理论的空区顶板稳定性分析[J].东北大学学报(自然科学版),2012,33(11):1628-1632.

[79] 王金安,李大钟,马海涛.采空区矿柱-顶板体系流变力学模型研究[J].岩石力学与工程学报,2010,29(3):577-582.

[80] 王金安,李大钟,尚新春.采空区坚硬顶板流变破断力学分析[J].北京科技大学学报,2011,33(2):142-148.

[81] WANG S R,WANG Z Q. Analytical solution to the roof bending deflection with mixed boundary conditions under uniform load[J]. Applied mathematics and information sciences,2013,7(2):579-585.

[82] WANG S R,WANG Z Q. Analysis of separation and dislocation characteristics of layered roof in the mined-out areas[J]. Applied mechanics and materials,2012(256-259):75-80.

[83] 王树仁,贾会会,武崇福.动荷载作用下采空区顶板安全厚度确定方法及其工程应用[J].煤炭学报,2010,35(8):1263-1268.

[84] 江学良,曹平,杨慧,等.水平应力与裂隙密度对顶板安全厚度的影响[J].中南大学学报(自然科学版),2009,40(1):211-216.

[85] 王平,姜福兴,冯增强,等.高位厚硬顶板断裂与矿震预测的关系探讨[J].岩土工程学报,2011,33(4):618-623.

[86] 葛修润.岩土损伤力学宏细观试验研究[M].北京:科学出版社,2004.

[87] 沈为.损伤力学[M].武汉:华中理工大学出版社,1995.

[88] 张向东,张淑坤,杨奎清.高速公路与下伏采空区相互作用分析[J].科学技术与工程,2008,8(2):436-440.

[89] 张黎明,郑颖人,王在泉,等.有限元强度折减法在公路隧道中的应用探讨[J].岩土力学,2007,28(1):97-101.

[90] 郑颖人,邱陈瑜,张红,等.关于土体隧洞围岩稳定性分析方法的探索[J].岩石力学与工程学报,2008,27(10):1968-1980.

[91] 郑颖人,赵尚毅,邓楚键,等.有限元极限分析法发展及其在岩土工程中的应用[J].中国工程科学,2006,8(12):39-61.
[92] 张淑坤,陆启珂,张向东.矩形断面巷道的稳定性判别[J].广西大学学报(自然科学版),2012,37(2):210-214.
[93] MISHRA M K,KARANAM U M R. Geotechnical characterization of fly ash composites for backfilling mine voids[J]. Geotechnical and geological engineering,2006,24(6):1749-1765.
[94] 邓代强,姚中亮,朱永建,等.胶结充填体强度预测及水泥消耗量反演计算[J].中国矿业大学学报,2013,42(1):39-44.
[95] 邹友峰,邓喀中,马伟民.矿山开采沉陷工程[M].徐州:中国矿业大学出版社,2003.
[96] 孙琦,张向东,杨逾.膏体充填开采胶结体的蠕变本构模型[J].煤炭学报,2013,38(6):994-1000.
[97] 刘新河,王鹏,于海洋,等.骨架式膏体充填采空区试验研究[J].中国煤炭,2012,38(2):76-78.
[98] POTGIETER J H,POTGIETER S S. Mining backfill formulations from various cementitious and waste materials[M]//Challenges of concrete construction: Volume 5, sustainable concrete construction. London: Thomas Telford Publishing,2002.
[99] 张新国,王华玲,李杨杨,等.膏体充填材料性能影响因素试验研究[J].山东科技大学学报(自然科学版),2012,31(3):53-58.
[100] 冯国瑞,任亚峰,张绪言,等.塔山矿充填开采的粉煤灰活性激发实验研究[J].煤炭学报,2011,36(5):732-737.
[101] 张钦礼,李谢平,杨伟.基于BP网络的某矿山充填料浆配比优化[J].中南大学学报(自然科学版),2013,44(7):2867-2874.
[102] 黄艳利,张吉雄,杜杰.综合机械化固体充填采煤的充填体时间相关特性研究[J].中国矿业大学学报,2012,41(5):697-701.
[103] 徐俊明,张吉雄,黄艳利,等.充填综采矸石-粉煤灰压实变形特性试验研究及应用[J].采矿与安全工程学报,2011,28(1):158-162.
[104] 董璐,高谦,南世卿,等.粉煤灰对矿渣胶结充填材料性能的影响[J].金属矿山,2012(10):162-164.
[105] BROWN E T. Analytical and computational methods in engineering rock mechanics[M]. London:Allen and Unwin,1987.
[106] 王星.煤矿塌陷影响区对高速公路影响及对策研究[D].阜新:辽宁工程技

术大学,2011.

[107] 国家煤炭工业局.建筑物、水体、铁路及主要井巷煤柱留设与压煤开采规程[M].北京:煤炭工业出版社,2000.

[108] 孙琦.西马煤矿高速公路下开采研究[D].阜新:辽宁工程技术大学,2007.